Street Atlas of NOTTINGHAM

Key to Maps

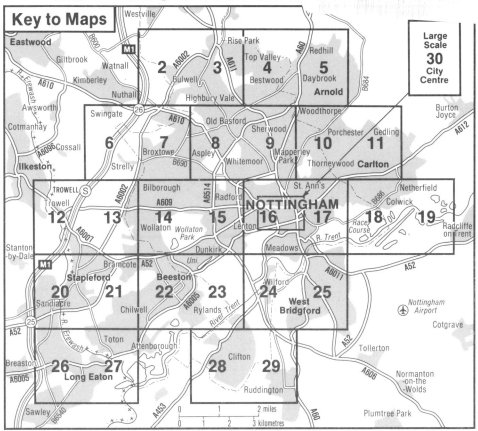

Large Scale **30** City Centre

Reference

Motorway	M1	Railway — Level Crossing / Station	Church or Chapel †
A Road	A60	County Boundary + · + · +	Fire Station ▪
B Road	B686	District Boundary — · — · —	Hospital Ⓗ
Dual Carriageway			Information Centre 🄸
One Way Street →		Map Continuation **15**	Police Station ▲
One way traffic flow on A Roads is indicated by a heavy line on the driver's left.		Ambulance Station ⠿	Post Office ●
Pedestrianized Road		Car Parks Selected ℙ	Toilet ▽ / Disabled Toilet ♿
House Numbers Selected Roads. 25 4			

Scale 4 inches to 1 mile

0   ¼   ½   ¾ mile

0   250   500   750 metres   1 kilometre

1:15,840

Geographers' A-Z Map Co., Ltd.
Head Office: Fairfield Road, Borough Green, Sevenoaks, Kent TN15 8PP Telephone 0732 781000
Showrooms: 44 Gray's Inn Road, Holborn, London, WC1X 8LR Telephone 071 242 9246

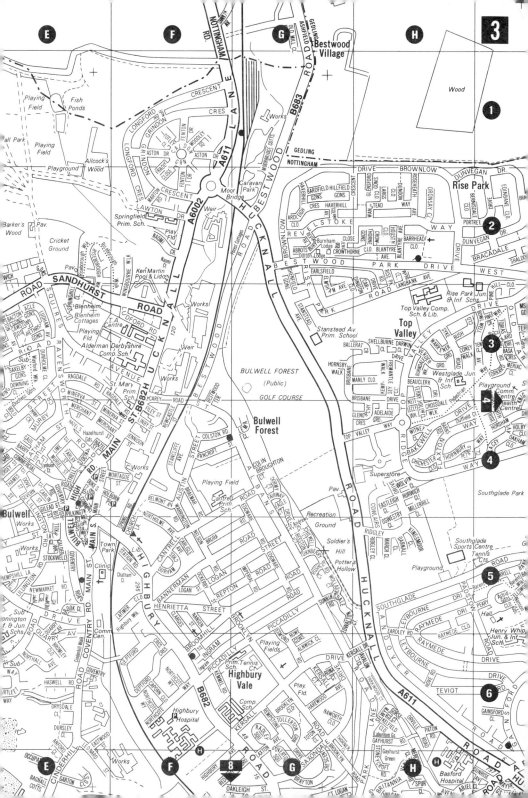

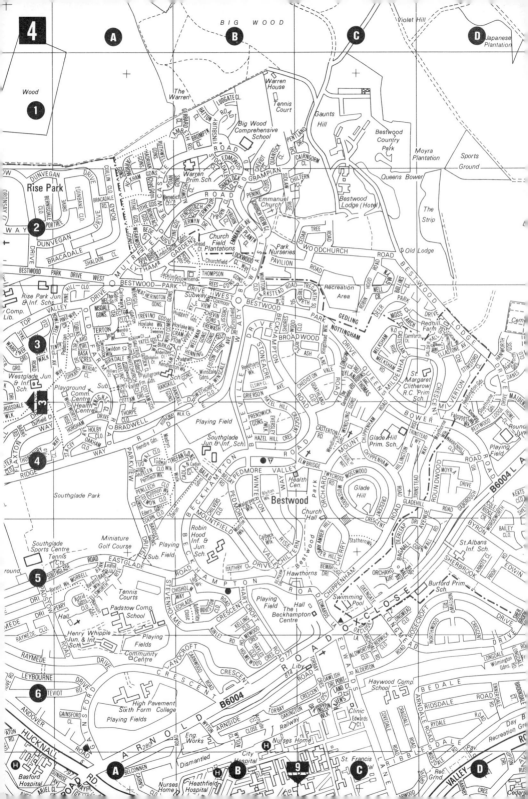

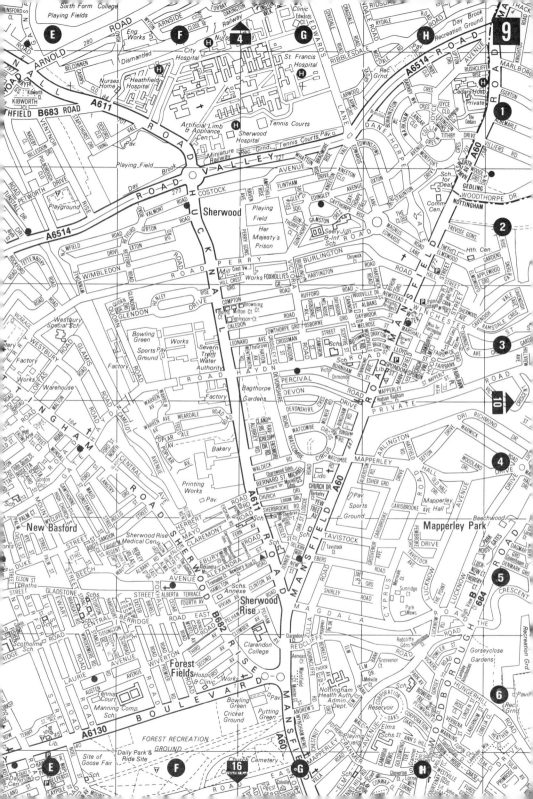

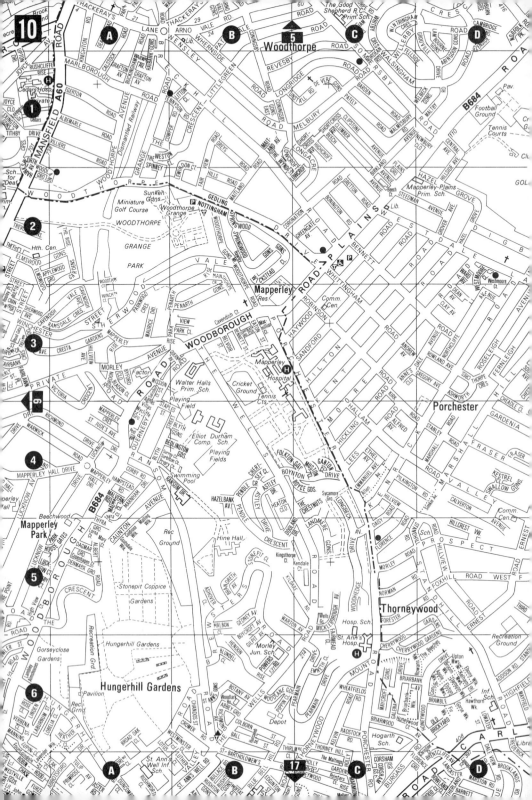

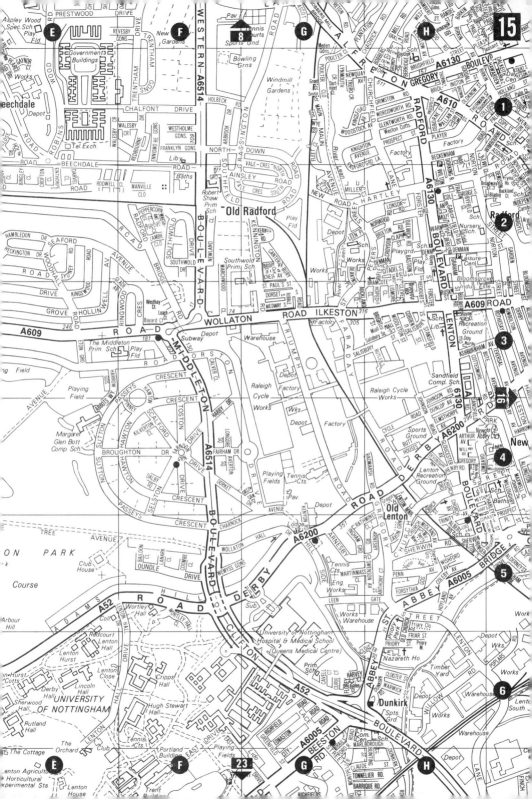

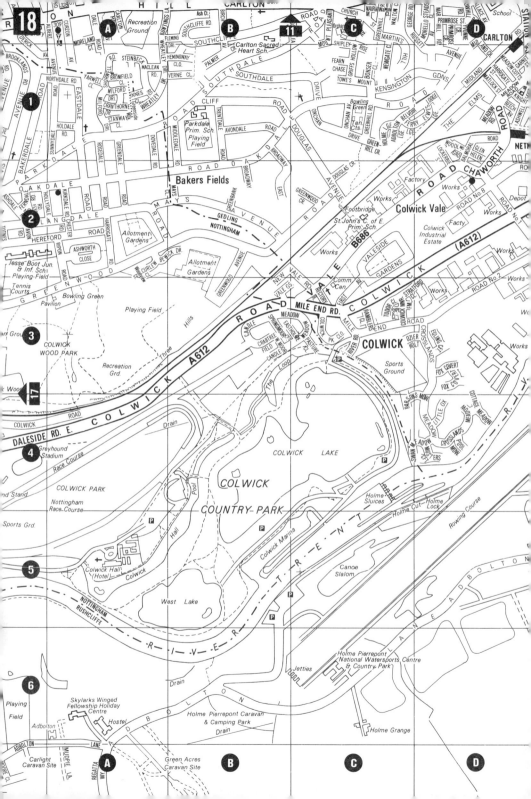

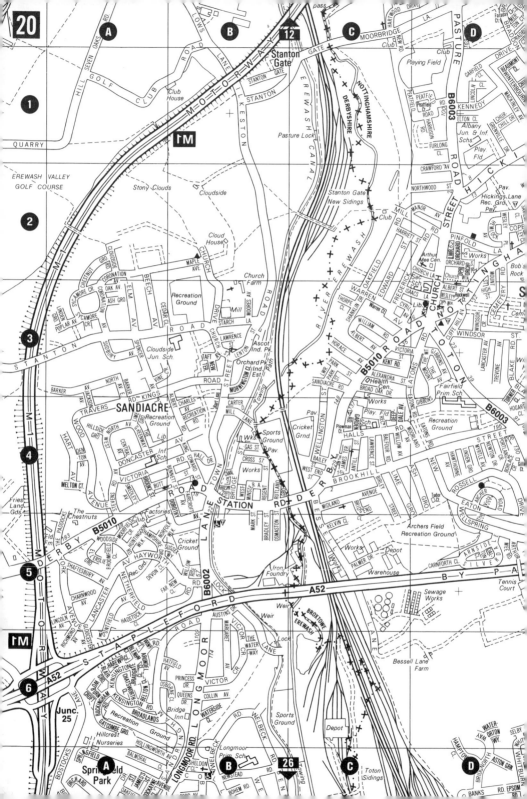

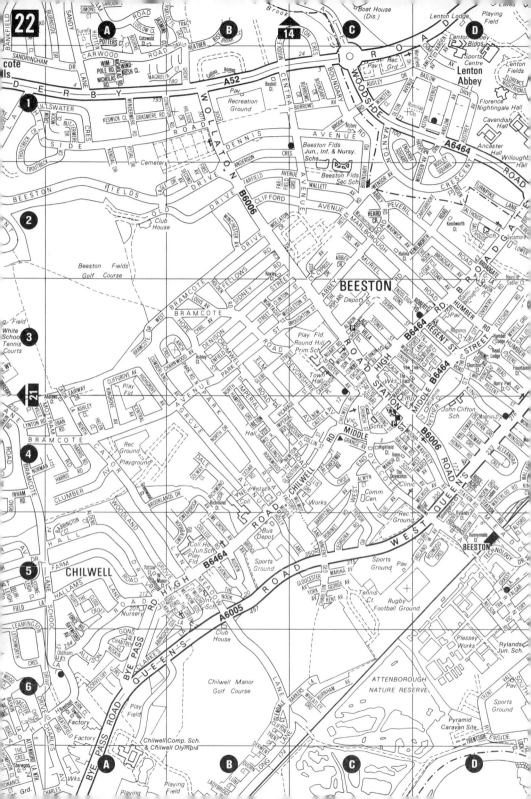

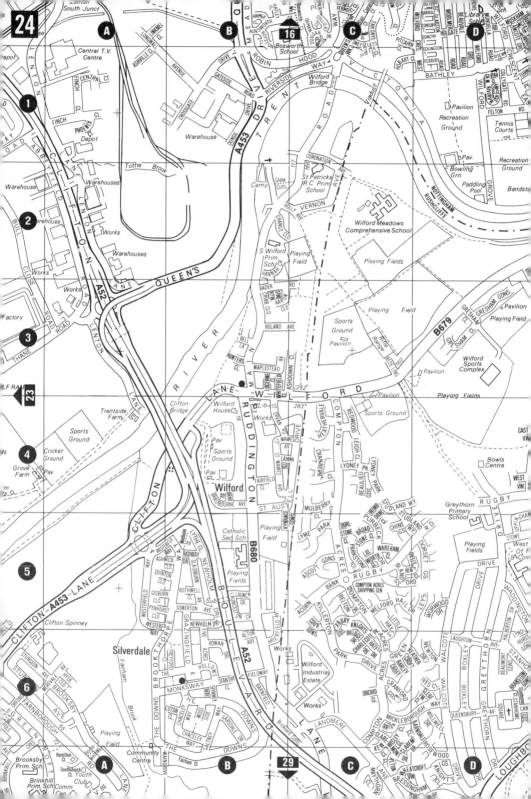

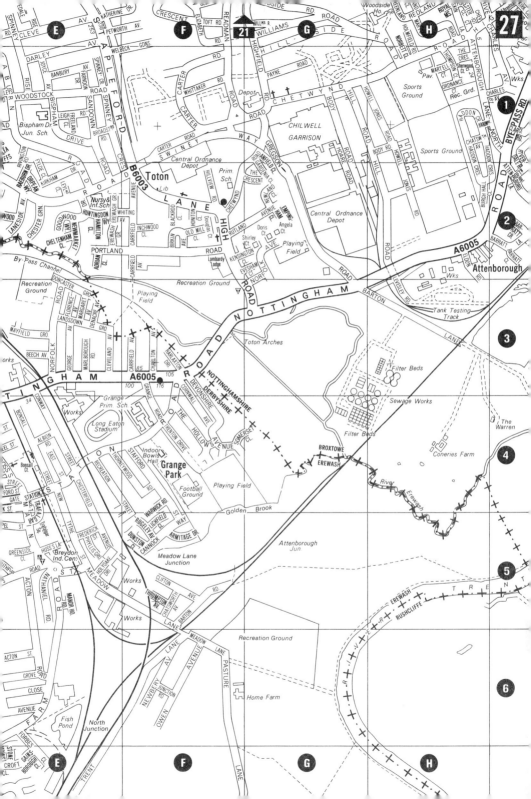

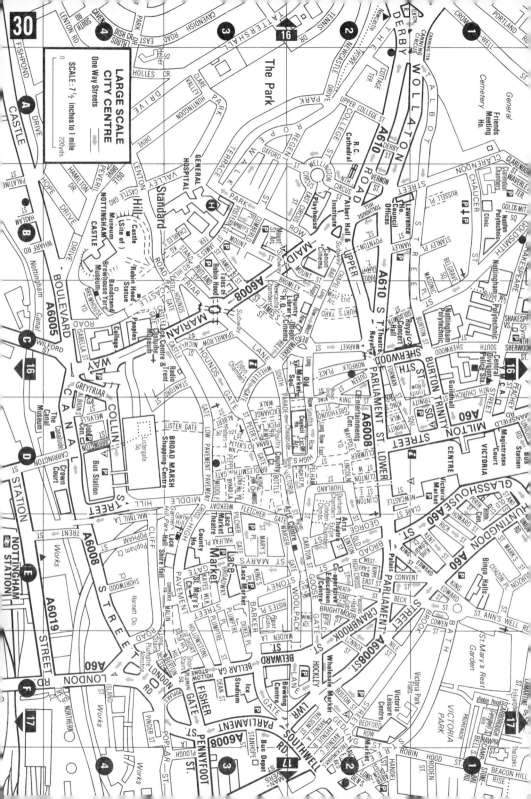

INDEX TO STREETS

HOW TO USE THIS INDEX

(a) A strict alphabetical order is followed in which Av., Rd., St., etc. are read in full and as part of the name preceding them; e.g. Abbeyfield Rd. follows Abbey Dri. but precedes Abbey Gro.

(b) Each street is followed by its Postal Code District Number and map reference; e.g. Aaron Clo. NG11—3B 22 is in the Nottingham 11 Postal Code District and is to be found in square 3B on page 22.

(c) Street names which appear in *Italics* are only shown on the large scale City Centre Map on page 30.

N.B. The Postal Code District Numbers given in this index are, in fact, only the first part of the Postcode to each address and are only meant to indicate the Postal Code District in which each street is situated.

ABBREVIATIONS USED IN THIS INDEX

All : Alley	Ct : Court	Junct : Junction	Pl : Place
App : Approach	Cres : Crescent	La : Lane	Prom : Promenade
Arc : Arcade	DE : Derby	Lit : Little	Rd : Road
Av : Avenue	Dri : Drive	Lwr : Lower	S : South
Bk : Back	E : East	Mans : Mansions	Sq : Square
Boulevd : Boulevard	Embkmt : Embankment	Mkt : Market	Sta : Station
Bri : Bridge	Est : Estate	M : Mews	St : Street
B'way : Broadway	Gdns : Gardens	Mt : Mount	Ter : Terrace
Bldgs : Buildings	Ga : Gate	N : North	Up : Upper
Chyd : Churchyard	Gt : Great	NG : Nottingham	Vs : Villas
Cir : Circus	Grn : Green	Pal : Palace	Wlk : Walk
Clo : Close	Gro : Grove	Pde : Parade	W : West
Comn : Common	Ho : House	Pk : Park	Yd : Yard
Cotts : Cottages	Ind : Industrial	Pas : Passage	

Bloomsgrove St. NG7—3A 16
Blue Bell Hill Rd. NG3—1F 17
Bluecoat Clo. NG1—2C 16
Bluecoat St. NG1—2C 16
Blundell Clo. NG3—6B 10
Blyth Gdns. NG3—4B 10
Blyth St. NG3—4A 10
Blyton Wlk. NG5—4B 4
Bobbers Mill Bri. NG8—6C 8
Bobbers Mill Rd. NG7—1H 15
Boden Dri. NG16—5A 2
Boden St. NG7—2A 16
Bodmin Dri. NG8—3A 8
Body Rd. NG9—1G & 1H 27
Bohem Rd. NG10—1B 26
Bold Clo. NG6—4E 3
Bolero Clo. NG8—2B 14
Bolton Av. NG9—6H 21
Bolton Clo. NG2—3H 25
Bond St. NG2—3E 17
Bond St. NG5—4F 5
Bonetti Clo. NG5—6H 5
Boniface Gdns. NG5—2A 4
Bonington Dri. NG5—4G 5
Bonington Rd. NG3—2C 10
Bonnington Cres. NG5—1H 9
Bonsall Ct. NG10—4E 27
Bonsall St. NG10—4E 27
Bonser Clo. NG4—1C 18
Booth Clo. NG3—2D 16
Boothe Clo. NG10—6B 26
Borlace Cres. NG9—4D 20
Borman Clo. NG6—6C 2
Borrowdale Ct. NG9—6G 21
Borrowdale Dri. NG10—6A 26
Bosden Clo. NG8—2A 14
Bosley Sq. NG9—2D 22
Bostock's La. NG6—2A 20 & 1A 26
Boston St. NG1—3E 17 & 2F 30
Bosworth Wlk. NG2—6C 16
Bosworth Way. NG10—6D 26
Botany Av. NG3—6B 10
Botany Clo. NG2—1H 29
Bottle La. NG1—3D 16 & 3D 30
Boundary Cres. NG9—1C 22
Boundary Rd. NG2—6F 25
Boundary Rd. NG9—1C 22
Bourne Clo. NG9—6A 14
Bourne M. NG4—1E 19
Bourne St. NG4—1E 19
Bournmoor Av. NG11—3C 28
Bovill St. N. NG7—2A 16
Bovill St. S. NG7—2A 16
Bowers Av. NG3—6H 9
Bowland Clo. NG3—1H 17
Bowlwell Av. NG5—3A 4
Bowness Av. NG6—3B 8
Boxley Dri. NG2—6D 24
Boyce Gdns. NG4—1C 18
Boycroft Av. NG3—5B 10
Boyd Clo. NG5—2H 5
Boynton Dri. NG3—4C 10
Bracadale Rd. NG5—2A 4
Bracebridge Dri. NG8—1A 14
Bracey Rise. NG2—6F 25
Bracken Clo. NG4—3F 11
Bracken Clo. NG8—5G 7
Bracken Clo. NG10—2A 26
Brackendale Av. NG5—3F 5
Bracken Rd. NG10—3A 26
Bracknell Cres. NG8—4C 8
Bracton Dri. NG3—1F 17
Bradbourne Av. NG11—4D 24
Bradbury St. NG2—4G 17
Braddon Av. NG9—6D 12
Bradfield Rd. NG8—4G 7
Bradford Clo. NG6—6D 2
Bradgate Clo. NG10—6A 20
Bradgate Rd. NG7—5E 9
Bradley Ct. NG9—3D 22
Bradley St. NG10—5B 20
Bradley Wlk. NG11—4D 28
Bradmore Av. NG11—4G 29
Bradmore Rise. NG5—1G 9
Bradwell Dri. NG5—4A 4
Braemar Rd. NG6—4F 3
Brailsford Rd. NG7—1G 23
Bramber Gro. NG11—4C 28
Bramble Clo. NG6—2C 8
Bramble Clo. NG10—2A 26
Bramble Dri. NG3—6D 10
Bramble Gdns. NG5—5H 7
Bramcote Av. NG9—4A 22
Bramcote Dri. NG8—4A 14
Bramcote Dri. NG9—3B 22
Bramcote Dri. W. NG9—3A 22
Bramcote La. NG8—5A 14

Bramcote La. NG9—4H 21
Bramcote Rd. NG9—3B 22
Bramcote St. NG7—3H 15
Bramcote Wlk. NG7—3H 15
Bramerton Rd. NG8—1A 14
Bramhall Rd. NG8—1H 13
Bramley Rd. NG8—4F 7
Brampton Dri. NG9—5E 21
Brancaster Clo. NG6—1A 8
Brandish Cres. NG11—2C 28
Brandreth Av. NG3—5B 10
Brand St. NG2—5F 17
Branksome Wlk. NG2—6C 16
Bransdale Clo. NG10—6A 26
Bransdale Rd. NG11—3C 28
Branston Gdns. NG2—6D 24
Branston Wlk. NG5—1H 9
Brantford Av. NG11—3E 29
Brayton Cres. NG6—1C 8
Breckhill Rd. NG5 & NG3—1B 10
Breckswood Dri. NG11—5D 28
Brecon Clo. NG8—2H 7
Brecon Clo. NG10—4A 26
Bredon Clo. NG10—3A 26
Bredon St. NG10—1B 26
Brendon Ct. NG9—1G 21
Brendon Dri. NG8—2D 14
Brendon Gdns. NG8—2D 14
Brendon Rd. NG8—2D & 3D 14
Brendon Way. NG10—2A 26
Brentcliffe Av. NG3—1H 17
Brentnall Ct. NG9—6A 22
Bressingham Dri. NG2—6D 24
Brewhouse Yd. NG1—4C 16 & 4C 30
Brewsters Rd. NG3—5B 10
Breydon Ind. Centre. NG10—5E 27
Briar Av. NG10—1A 26
Briarbank Av. NG3—6C 10
Briarbank Wlk. NG3—6C 10
Briar Clo. NG9—6B 14
Briar Ct. NG2—6C 16
Briar Ga. NG10—2A 26
Briarwood Av. NG3—6C 10
Brickyard Cotts. NG11—6C 24
Bridge Av. NG9—5B 22
Bridge Ct. NG9—3E 23
Bridge Farm La. NG11—2D 28
Bridge Grn. Wlk. NG8—4F 7
Bridge Gro. NG2—1E 25
Bridgend Clo. NG9—4C 20
Bridge Rd. NG8—3B 14
Bridge St. NG10—2C 26
(Long Eaton)
Bridge St. NG10—4B 20
(Sandiacre)
Bridgeway Centre. NG2—6D 16
Bridgeway Ct. NG2—5D 16
Bridgford Rd. NG2—1F 25
Bridgnorth Dri. NG11—2C 28
Bridgnorth Way. NG9—1D 26
Bridle Rd. NG9—1H 21
Bridlesmith Ga. NG1—3D 16 & 3D 30
(in two parts)
Bridlington St. NG7—1H 15
Bridport Av. NG8—2G 15
Brierfield Av. NG11—6B 24
Brierley Grn. NG4—1E 19
Brightmoor Ct. NG1—2E 30
Brightmoor St. NG1—3D 16 & 2E 30
Bright St. NG7—3H 15
Brindley Rd. NG8—2H 13
Brinkhill Cres. NG11—1D 28
Brinsley Clo. NG8—4H 7
Brisbane Dri. NG5—3G 3
Brisbane Dri. NG9—1E 21
Britannia Av. NG6—1D 8
Britannia Rd. NG10—2C 26
Brittania Ct. NG4—1E 19
Britten Gdns. NG3—1G 17
Brixton Rd. NG7—2H 15
B Rd. NG7—4F 23
Broad Eadow Rd. NG6—4C 2
Broadgate. NG9—2D 22
Broadgate Av. NG9—2D 22
Broadgate La. NG9—3D 22
Broadholme St. NG7—5A 16
Broadhurst Av. NG6—4B 8
Broadlands. NG10—6A 20
Broadleigh Clo. NG2—6C 24
Broad Marsh Shopping Centre. NG1—4D 16 & 3D 30
Broadmere Ct. NG5—2H 5
Broad Oak Clo. NG3—6A 10
Broad Oak Dri. NG9—3C 20
Broadstairs Rd. NG9—1E 27
Broadstone Clo. NG2—5C 24
Broad St. NG1—3D 16 & 2E 30
Broad St. NG10—4D 26

Broad Wlk. NG6—3B 8
Broadway. NG1—4D 16 & 3E 30
Broadway. NG4—2B 18
Broadway Ct. NG7—2A 16
Broadway E. NG4—1B 18
Broadwood Rd. NG5—3B 4
Brockenhurst Gdns. NG3—1G 17
Brockley Rd. NG2—2H 25
Bromfield Clo. NG3—1A 18
Bromley Clo. NG6—6E 3
Bromley Pl. NG1—3C 16 & 3C 30
Bromley Rd. NG2—4F 25
Brompton Clo. NG5—1B 4
Brompton Way. NG2—1H 29
Bronte Ct. NG7—3H 15
Brook Av. NG5—4H 5
Brook Clo. NG6—5E 3
Brookdale Ct. NG5—6D 4
Brooke St. DE7—2A 12
Brooke St. NG10—4A 20
Brookfield Ct. NG2—5D 16
Brookfield Ct. NG5—4G 5
Brookfield Gdns. NG5—4G 5
Brookfield Rd. NG5—4G 5
Brook Gdns. NG5—4H 5
Brookhill Cres. NG8—4B 14
Brookhill Dri. NG8—4B 14
Brookhill St. NG9—4D 20
Brooklands Dri. NG4—5H 11
Brooklands Dri. NG9—4A 22
Brooklands Rd. NG3—1H 17
Brooklyn Clo. NG6—6G 3
Brooklyn Rd. NG6—5G 3
Brook Rd. NG9—1C 22
Brooksby La. NG11—6A 24
Brookside Av. NG8—5A 14
Brookside Clo. NG10—4B 26
Brookside Gdns. NG11—4G 29
Brookside Rd. NG11—4G 29
Brook St. NG1—3D 16 & 1E 30
Brookthorpe Way. NG11—6A 24
Brookwood Cres. NG4—6F 11
Broomfield Clo. NG10—5A 20
Broomhill Av. DE7—1A & 2A 12
Broomhill Rd. NG6—6F 3
Broom Wlk. NG3—6D 10
Brora Rd. NG6—5F 3
Broughton Dri. NG8—4E 15
Broughton St. NG9—3C 22
Browning Clo. NG5—5D 4
Browning Ct. NG5—5D 4
Brownlow Dri. NG5—2G 3
Browns Croft. NG6—2C 8
Brown's Rd. NG10—4D 26
Brown St. NG7—1H 15
Broxtowe Hall Clo. NG8—3H 7
Broxtowe La. NG8—4G 7
Broxtowe Rise. NG8—2A 8
Broxtowe St. NG5—3H 9
Bruce Clo. NG2—6D 16
Bruce Dri. NG2—2D 24
Brunswick Dri. NG9—5E 21
Brushfield St. NG7—1H 15
Bryan St. NG8—5B 8
Buckfast Way. NG2—3G 25
Buckingham Av. NG5—1A 10
Buckingham Rd. NG10—6A 20
Buckland Ct. NG7—2A 16
Bucklow Clo. NG8—4C 8
Bulcote Rd. NG11—1D 28
Bullace Rd. NG3—1F 17
Bull Clo. Rd. NG7—2H 23
Buller St. DE7—1A 12
Buller Ter. NG5—3H 9
Bullins Clo. NG5—3C 4
Bullivant St. NG3—1D 16
Bulwell High Rd. NG6—4E to 5E 3
Bulwell La. NG6—1E 8
Bulwer Rd. NG7—3H 15
Bunbury St. NG2—6D 16 & 1E 25
Buntings La. NG4—6E 11
Bunting St. NG7—1H 23
Burford Rd. NG7—5E 9
Burford St. NG5—4F 5
Burgass Rd. NG3—1G 17
Burge Clo. NG2—5D 16
Burgh Hall Clo. NG9—2H 27
Burke St. NG7—2A 16
Burleigh Clo. NG4—6H 11
Burleigh Rd. NG2—4G 25
Burleigh Sq. NG9—5H 21
Burlington Av. NG5—2G 9
Burlington Rd. NG5—5H 11
Burlington Rd. NG5—2G 9
Burnaby St. NG6—2C 8
Burnbreck Gdns. NG8—4B 14
Burndale Wlk. NG5—3H 3
Burnham Av. NG9—6C 22

Burnham Lodge. NG5—2G 3
Burnham St. NG5—3G 9
Burnham Way. NG2—5D 16
Burns Av. NG7—2B 16
Burns Ct. NG5—3F 9
Burnside Dri. NG9—6H 13
Burnside Grn. NG8—1A 14
Burnside Rd. NG2—4E 25
Burnside Rd. NG8—1A 14
Burns St. NG7—1B 16
Burnwood Dri. NG8—3A 14
Burrows Av. NG9—1C 22
Burrows Ct. NG3—2F 17
Burrows Cres. NG9—1C 22
Burrows St. NG3—2F 17
Burtness Rd. NG11—3C 28
Burton Av. NG4—5E 11
Burton Clo. NG4—5H 11
Burton Dri. NG9—5H 21
Burton Manderfield Ct. NG2—6C 16
Burton Rd. NG4—6H 11
Burton St. NG1—3C 16 & 1C 30
Burwell St. NG7—1A 16
Bush Clo. NG5—3H 3
Bute Av. NG7—3H 15
Butler St. NG7—3H 15
Buttermead Clo. NG9—5C 12
Buttermere Ct. NG5—3G 9
Buttermere Dri. NG9—1A 22
Butterton Clo. DE7—1A 12
Butt Houses. NG7—4H 15
Butt St. NG10—4A 20
Buxton Av. NG4—5F 11
Byard La. NG1—4D 16 & 3D 30
Bye Pass Rd. NG9—1H 27 to 5A 22
Byfield Clo. NG7—2H 15
Byford Clo. NG3—3A 10
Byley Rd. NG8—2H 13
Byrne Clo. NG5—6H 5
Byron Av. NG10—1B 26
Byron Ct. NG2—3E 17
Byron Ct. NG9—6E 13
Byron Gro. NG5—3H 9
Byron Rd. NG2—3F 25
Byron St. NG5—5D 4

Cadlan Clo. NG5—4B 4
Cadlan Ct. NG5—4B 4
Caernarvon Pl. NG9—6G 21
Caincross Rd. NG8—6E 7
Cairngorm Clo. NG5—1C 4
Cairns Clo. NG5—1E 9
Cairnsmore Clo. NG10—3A 26
Cairns St. NG1—2D 16
Cairo St. NG7—4E 9
Caister Rd. NG11—3D 28
Caithness Ct. NG5—5G 9
Calbeck Wlk. NG5—5B 4
Calcroft Clo. NG8—3B 8
Caldbeck Ct. NG9—5G 21
Calderdale. NG8—4H 13
Calderdale Dri. NG10—6A 26
Calderhall Gdns. NG5—3D 4
Calder Wlk. NG6—5E 3
Caldon Grn. NG6—1F 3
Caledon Rd. NG5—3F 9
Calladine Cl. NG6—6D 2
Callaway Clo. NG8—2B 14
Calstock Rd. NG5—1A 10
Calveley Rd. NG8—6F 7
Calver Clo. NG8—3F 15
Calverton Av. NG4—4D 10
Calverton Rd. NG5—2F 5
Camberley Rd. NG6—4D 2
Camborne Dri. NG8—4B 8
Cambria M. NG3—1D 16
Cambridge Ct. NG7—4F 23
Cambridge Cres. NG9—6D 12
Cambridge Gdns. NG5—6H 5
Cambridge Rd. NG2—3G 25
Cambridge Rd. NG8—3D 14
Cambridge St. NG4—5G 11
Camdale Clo. NG9—4H 21
Camden Clo. NG2—3F 17
Camelia Av. NG11—3B 28
Camelot Av. NG5—4F 9
Camelot Cres. NG11—4G 29
Camelot St. NG11—4G 29
Cameron St. NG5—3H 9
Camomile Gdns. NG7—6D 8
Campbell Dri. NG4—6E 11
Campbell Gro. NG3—2E 17 & 1F 30
Campbell St. NG3—2E 17
Campden Grn. NG11—2D 28
Campion St. NG5—3F 5
Camrose Clo. NG8—6G 7
Canalside. NG1—4D 30

Canal Side. NG9—6E 23
Canal St. NG1—4D 16 & 4D 30
(in two parts)
Canal St. NG10—3B 26
(Long Eaton)
Canal St. NG10—4B 20
(Sandiacre)
Canberra Clo. NG9—6E 13
Canberra Cres. NG2—6D 24
Canberra Gdns. NG2—6D 24
Candle Meadow. NG2—3B 18
Canning Cir. NG7—3B 16
Canning Ter. NG7—3B 16
Cannock Way. NG10—5F 27
Cannon St. NG5—3G 9
Canonbie Clo. NG5—2H 5
Canterbury Rd. NG8—2G 15
Cantley Av. NG4—4G 11
Cantrell Rd. NG5—5F 3
Canver Clo. NG8—2H 13
Canwick Clo. NG8—2A 14
Capenwray Gdns. NG5—3D 4
Capitol Ct. NG8—3D 14
Caporn Clo. NG6—6F 3
Cardale Rd. NG3—1G 17
Cardiff St. NG3—2F 17
Cardinal Clo. NG3—1F 17
Cardington Rd. NG5—2H 3
Carew Rd. NG11—2D 28
Carey Rd. NG6—3F 3
Carisbrooke Av. NG3—4H 9
Carisbrooke Av. NG9—2D 22
Carisbrooke Dri. NG3—5H 9
Carlile Rd. NG4—6G 11
Carlin St. NG6—4E 3
Carlswark Gdns. NG5—3A 4
Carlton Fold. NG2—4G 17
Carlton Hill. NG4—6D 10
Carlton M. NG4—6E 11
Carlton Rd. NG3—3E 17
Carlton Rd. NG10—6B 26
Carlton Sq. NG4—6G 11
Carlton St. NG1—1D 16 & 2E 30
Carlton Vale Clo. NG4—4G 11
Carlyle Rd. NG2—3E 25
Carmel Gdns. NG5—5F 5
Carnarvon Gro. NG4—5F 11
(Carlton)
Carnarvon Gro. NG4—4H 11
(Gedling)
Carnarvon Rd. NG2—3F 25
Carnarvon St. NG4—1D 18
Carnforth Clo. NG9—5D 20
Carnforth Ct. NG5—3C 4
Carnwood Rd. NG5—6B 4
Caroline Ct. DE7—1A 12
Caroline Wlk. NG3—1D 16
Carrfield Av. NG9—2F 27
Carrfield Av. NG10—2F 27
Carrington St. NG1—4D 16 & 4D 30
(in two parts)
Carter Av. NG11—5H 29
Carter Ga. NG1—4E 17
Carter Rd. NG9—1F 27
Carterswood Dri. NG16—2G 7
Carters Yd. NG10—4B 20
Carver St. NG7—6E 9
Carwood Rd. NG9—1A 22
Casterton Rd. NG5—4C 4
Castle Boulevd. NG7—5A 16 & 4B 30
Castle Bri. Rd. NG7—5A 16
Castlefields. NG2—5C 16
Castle Gdns. NG7—5A 16
Castle Ga. NG1—4C 16 & 4C 30
(in two parts)
Castle Gro. NG7—4C 16 & 4B 30
Castle Marina Rd. NG7—5A 16
Castlemeadow Rd. NG2—5C 16
Castle Pl. NG1—4C 16 & 3C 30
Castle Rd. NG1—4C 16 & 4C 30
Castle St. NG2—4F 17
Castleton Av. NG4—5G 11
Castleton Av. NG5—5F 5
Castleton Clo. NG2—6B 16
Castleton Ct. NG6—5C 2
Castle View. NG2—4D 24
Castle View Cotts. NG9—4E 23
Castle Vs. NG2—4F 17
Castle Wlk. NG7—6E 9
Caterham Clo. NG8—1A 14
Catherine Clo. NG6—4D 2
Catherine St. NG6—4D 2
Catlow Wlk. NG5—3D 4
Cator Clo. NG4—2F 11
Cator La. NG9—4A 22

Cator La. N. NG9—3A 22
Catriona Cres. NG5—2H 5
Catterley Hill Rd. NG3—1H 17
Cattle Mkt. Rd. NG2—5E 17
Catton Rd. NG5—3G 5
Caulton St. NG7—1A 16
Caunton Av. NG3—5A 10
Causeway M. NG2—6C 16
Cavan Ct. NG2—6C 16
Cavell Clo. NG11—2C 28
Cavell Ct. NG7—6G 15
Cavendish Av. NG4—3F 11
Cavendish Av. NG3—3A 10
Cavendish Ct. NG3—3B 10
Cavendish Cres. NG4—3E 11
Cavendish Cres. NG9—6D 12
Cavendish Cres. N. NG7—4A 16
Cavendish Cres. S. NG7—4B 16
Cavendish Dri. NG4—6G 11
Cavendish Pl. NG3—3C 22
Cavendish Rd. DE7—1A 12
Cavendish Rd. NG4—4F 11
Cavendish Rd. NG10—2C 26
Cavendish Rd. E. NG7—4B 16
Cavendish Rd. W. NG7—4A 16
Cavendish St. NG4—4F 5
Cavendish St. NG7—1G 23
(in two parts)
Cavendish Vale. NG5—3H 9
Cawdron Wlk. NG11—2C 28
Cawston Gdns. NG6—3E 3
Caxmere Dri. NG8—2C 14
Caythorpe Cres. NG5—2G 9
Caythorpe Rise. NG5—2G 9
Cecil St. NG7—5A 16
Cedar Av. NG10—2D 22
Cedar Av. NG10—6C 26
Cedar Av. NG16—1G 7
Cedar Clo. NG10—3A 20
Cedar Ct. NG9—2D 22
Cedar Gro. NG3—3H 5
Cedar Gro. NG8—3C 14
Cedarland Cres. NG16—2G 7
Cedar Lodge. NG7—3B 16
Cedar Rd. NG7—5F 9
Cedar Rd. NG9—4B 22
Cedars, The. NG5—1H 9
Cedar Tree Rd. NG5—2C 4
Celia Dri. NG4—6F 11
Cemetery Rd. NG9—3D 20
Central Av. NG2—2F 25
Central Av. NG3—1D 10
Central Av. NG5—4F 5
Central Av. NG7—4F 9
Central Av. NG9—1B 22
(Beeston)
Central Av. NG9—4A 22
(Chilwell)
Central Av. NG9—1E 21
(Stapleford)
Central Av. NG10—4A 20
Central Av. S. NG5—5F 5
Central Ct. NG7—1A 24
Central St. NG3—1E 17
Cernan Ct. NG6—6C 2
Cerne Clo. NG11—3D 28
Chaceley Way. NG11—6B 24
Chad Gdns. NG5—2A 4
Chadwick Rd. NG7—6D 8
Chain La. NG7—1H 23
Chalfield Clo. NG11—2C 28
Chalfont Dri. NG8—1F 15
Chamberlain Clo. NG11—3B 28
Chancery, The. NG9—2H 21
Chandos St. NG3—6B 10
Chandos St. NG4—1E 19
Chantrey Clo. NG9—6A 22
Chantrey Rd. NG2—3E 25
Chapel Bar. NG1—3C 16 & 2B 30
Chapel La. NG5—3F 5
Chapel M. Ct. NG9—1G 21
Chapel St. NG7—2A 16
Chapel St. NG9—1G 21
Chapel St. NG10—5E 27
Chapel St. NG11—5G 29
Chapman Ct. NG8—6A 8
Chard St. NG7—4E 9
Chard Ter. NG7—4E 9
Charlbury Rd. NG9—4G 13
Charlbury Rd. NG8—2D 14
Charlecote Dri. NG8—4A 14
Charlecote Pk. Dri. NG2—6C 24
Charles Av. NG9—1D 22
(Beeston)
Charles Av. NG9—6A 22
(Chilwell)
Charles Av. NG9—2E 21
(Stapleford)

Charles Av. NG10—4B 20
Charles Clo. DE7—1A 12
Charles Clo. NG4—4H 11
Charles St. NG5—5F 5
Charles St. NG10—6C 26
Charles St. NG11—5H 29
Charlesworth Av. NG3—5D 8
Charlotte Clo. NG5—2F 5
Charlotte Gro. NG9—6B 14
Charlton Av. NG10—3F 27
Charlton Gro. NG9—5C 22
Charnock Av. NG8—5F 15
Charnwood Av. NG9—3B 22
Charnwood Av. NG10—5A 20
Charnwood Gdns. NG5—4G 9
Charnwood Gro. NG2—3E 25
Charnwood La. NG5—6G 5
Chartwell Av. NG11—5G 29
Chatham Av. NG6—5F 3
Chatham St. NG1—1C 16
Chatsworth Av. NG4—5G 11
Chatsworth Av. NG7—3D 8
Chatsworth Av. NG9—1H 27
Chatsworth Av. NG10—5F 27
Chatsworth Clo. NG10—6A 20
Chatsworth Rd. NG2—1H 25
Chaucer St. NG1—2C 16 & 1B 30
Chaworth Rd. NG2—3E 25
Chaworth Rd. NG4—2D 18
Cheadle Clo. NG3—4D 10
Cheadle Clo. NG8—5E 7
Cheapside. NG1—3D 16 & 3D 30
Cheddar Rd. NG11—4D 28
Chediston Vale. NG5—3C 4
Chedworth Clo. NG3—2F 17
Chelmsford Rd. NG7—4D 8
Chelsbury Ct. NG5—4F 5
Chelsea St. NG7—5E 9
Cheltenham Clo. NG9—2E 27
Cheltenham St. NG6—1D 8
Chepstow Rd. NG11—4C 28
Cherhill Clo. NG11—4B 28
Cherry Clo. NG5—3F 5
Cherry Orchard Mt. NG5—5C 4
Cherry Tree La. NG12—6H 25
Cherry Wood Dri. NG8—6A 8
Cherrywood Gdns. NG3—6C 10
Chertsey Clo. NG3—4B 10
Cherwell Ct. NG6—5C 2
Chesham Clo. NG16—2E 7
Chesham Dri. NG5—4G 9
Chesham Dri. NG9—5G 13
Chesil Av. NG8—2G 15
Chesil Cotts. NG8—2G 15
Cheslyn Dri. NG8—6A 8
Chesterfield Av. NG4—3F 11
Chesterfield Av. NG10—4E 27
Chesterfield Ct. NG4—3F 11
Chesterfield St. NG4—6F 11
Chester Grn. NG9—2E 27
Chester Rd. NG3—2A 18
Chestnut Av. NG3—3D 10
Chestnut Av. NG4—4C 22
Chestnut Gro. NG2—3E 25
Chestnut Gro. NG3—6G 9
Chestnut Gro. NG4—5H 11
Chestnut Gro. NG10—2A 20
Chestnuts, The. NG3—4C 10
Chestnuts, The. NG10—4A 26
Chestnuts, The. NG12—5H 19
Chetwin Rd. NG8—2A 14
Chetwynd Rd. NG9—2F to 1H 27
Cheverton Ct. NG3—1D 16
Chevin Gdns. NG5—3B 4
Cheviot Av. NG4—6C 2
Cheviot Ct. NG9—6H 21
Cheviot Dri. NG6—4C 2
Cheviot Rd. NG10—3A 26
Cheyny Clo. NG2—1C 24
Chichester Clo. NG5—4H 3
Chidlow Rd. NG8—1A 14
Chigwell Clo. NG16—3E 7
Chiltern Clo. NG5—4B 4
Chiltern Gdns. NG10—3A 26
Chiltern Way. NG5—5B 4
Chilvers Clo. NG5—4B 4
Chilwell Ct. NG6—5G 3
Chilwell La. NG9—3G 21
Chilwell Rd. NG9—4C 22
Chilwell St. NG7—5H 15
Chine Gdns. NG5—2C 24
Chingford Rd. NG8—6F 7
Chippendale St. NG7—5A 16
Chippenham Rd. NG5—5C 4
Chisbury Grn. NG11—4B 28
Chisholm Way. NG5—5B 4
Chiswick Ct. NG5—2G 9

Christina Av. NG6—1B 8
Christina Cres. NG6—1B 8
Christine Ct. NG3—6D 10
Christopher Clo. NG8—2C 14
Church Av. NG5—4E 5
Church Av. NG7—4H 15
Church Clo. NG3—1D 16
Church Clo. NG4—4E 5
Church Clo. NG9—4C 12
Church Cres. NG5—4E 5
Church Cres. NG9—6F 21
Church Croft. NG2—2F 25
Churchdale Av. NG9—1D 20
Church Dri. NG2—2F 25
Church Dri. NG5—4E 5
(Daybrook)
Church Dri. NG5—4G 9
(Sherwood Rise)
Church Dri. NG10—2B 20
Church Dri. E. NG5—5E 5
Churchfield La. NG7—1H 15
Churchfield Ter. NG6—3D 8
Churchfield Way. NG5—2B 4
Church Gro. NG7—4H 15
Churchill Clo. NG5—5G 5
Churchill Dri. NG9—1D 20
Churchill Dri. NG11—5F 29
Church La. NG5—2F 5
Church La. NG6—5F 3
Church La. NG9—2D 20
Church M. NG2—1D 24
Churchmoor La. NG5—2F 5
Church Rd. NG3—1E 17
Church Sq. NG7—4A 16
Church St. NG4—6G 11
Church St. NG5—3F 5
Church St. NG6—3D 8
Church St. NG7—5H 15
Church St. NG9—4C 22
(Beeston)
Church St. NG9—1G 21
(Bramcote)
Church St. NG9—3D 20
(Stapleford)
Church St. NG10—3B 20
Church St. NG11—5G 29
Church View. NG4—4H 11
Church View Clo. NG5—2B 4
Church Wlk. NG9—2D 20
Churnet Clo. NG11—6H 23
Churston Ct. NG9—3D 22
Cinderhill Footway. NG6—1C 8
Cinderhill Rd. NG4—3G 11
Cinderhill Rd. NG6—1A 8
Cinderhill Wlk. NG6—6E 3
Citadel St. NG7—2H 15
City Rd. NG7—1G 23
City Rd. NG9—3D 22
City, The. NG9—3D 22
(in two parts)
Clandon Dri. NG5—4G 9
Clanfield Rd. NG8—1B 14
Clapham St. NG7—2H 15
Clarborough Dri. NG5—5G 5
Clare Clo. NG6—2C 8
Clarehaven. NG9—4E 21
Claremont Av. NG9—2H 21
Claremont Dri. NG2—6C 24
Claremont Gdns. NG5—5F 9
Claremont Rd. NG5—5F 9
Claremont Ter. NG7—2B 16
Clarence Ct. NG3—2F 17
Clarence Rd. NG9—1H 27
Clarence Rd. NG10—6C 26
Clarence St. NG3—2E 17
Clarendon Chambers. NG1
—1C 16 & 1B 30
Clarendon Ct. NG5—6G 9
Clarendon St. NG1—2B 16 & 1A 30
Clare St. NG1—3D 16 & 2D 30
Clare Valley. NG7—4B 16 & 3A 30
Clarewood Gro. NG11—5D 28
Clarges St. NG6—5F 3
Clarke Av. NG5—3G 5
Clarke Rd. NG2—5E 17
Clarke's La. NG9—1G 23
Claude St. NG7—1G 23
Clay Av. NG3—3D 10
Claye St. NG10—4D 26
Clayfield Clo. NG6—5D 2
Claypole Rd. NG7—1A 16
Clayton Ct. NG9—5D 22
Clether Rd. NG8—1B 14
Cleve Av. NG9—6E 21
Cleveland Av. NG10—3E 27
Cleveland Clo. NG7—3H 15
Cleveleys Rd. NG9—1E 27
Clevely Way. NG11—1C 28

Cliffe Hill Av. NG9—3D 20
Cliffgrove Av. NG9—3A 22
Cliffmere Wlk. NG11—3B 28
Clifford Av. NG9—2B 22
Clifford Ct. NG7—2A 16
Clifford St. NG7—2A 16
Clifford St. NG10—4E 27
Cliff Rd. NG1—4D 16 & 4E 30
Cliff Rd. NG4—1B 18
Cliff, The. NG6—1A 8
Clifton Av. NG10—5F 27
Clifton Av. NG11—4G 29
Clifton Boulevd. NG7 & NG11
—6G 15 to 2H 29
Clifton Cres. NG9—6B 22
Clifton La. NG11—4B 28 to 3B 24
(Clifton)
Clifton La. NG11—4F 29
(Ruddington)
Clifton M. NG7—3B 16
Clifton Rd. NG11—4G 29
Clifton St. NG9—3D 22
Clifton Ter. NG7—4B 16
Clinton Av. NG5—5G 9
Clinton Ct. NG1—2C 16
Clinton St. NG5—4E 5
Clinton St. NG9—3B 22
Clinton St. E. NG1—3D 16 & 2D 30
Clinton St. W. NG1—3D 16 & 2D 30
Clinton Ter. NG1—2C 16
Clinton Ter. NG7—3B 16
Clipstone Av. NG1—1C 16
Clipstone Av. NG3—1C 10
Clive Cres. NG16—1B 6
Cliveden Grn. NG11—3C 28
Cloister Sq. NG7—6G 15
Cloister St. NG7—6H 15
Close Quarters. NG9—1H 21
Close, The. NG5—2H 9
Close, The. NG9—5A 22
Cloud Av. NG9—2F 21
Clouds Hill. NG11—4C 28
Cloudside Rd. NG10—2A 20
Clough Ct. NG8—6A 8
Clover Grn. NG6—2C 8
Cloverlands. NG11—1G 29
Clumber Av. NG3—1C 10
Clumber Av. NG4—1E 19
Clumber Av. NG5—5G 9
Clumber Av. NG9—4A 22
Clumber Ct. NG7—4A 16
Clumber Cres. N. NG7—4A 16
Clumber Cres. S. NG7—4B 16
Clumber Rd. NG2—3F 25
Clumber Rd. E. NG7—4B 16
Clumber Rd. W. NG7—4A 16
Clumber St. NG1—3D 16 & 2D 30
Clumber St. NG10—5D 26
Clyde Ter. NG7—2B 16
Cobden Chambers. NG1—2D 30
Cobden St. NG7—3H 15
Cobden St. NG10—5D 26
Cockayne Clo. NG10—1A 26
Cockington Rd. NG8—2H 13
Cogenhoe Wlk. NG5—1F 5
Cohen Clo. NG8—4F 7
Cokefield Av. NG16—2G 7
Colborn St. NG3—6B 10
Colchester Rd. NG8—4F 7
Coleby Av. NG7—5H 15
Coleby Rd. NG8—4G 7
Coleridge Cres. NG5—4D 4
Coleridge St. NG7—2H 15
Colesbourne Rd. NG11—1E 29
Coles Wlk. NG5—3B 4
Colin Broughton Ct. NG6—4G 3
Colinwood Av. NG5—2G 3
College Dri. NG11—1C 28
College Rd. NG9—5B 22
College St. NG1—3B 16 & 2A 30
College St. NG10—1B 26
Colley Moor Leys La. NG11—2E 29
Colliery Clo. NG2—6C 16
Collin Av. NG10—6B 20
Collin Grn. NG5—1H 9
Collington St. NG9—4B 22
Collington Way. NG2—4D 24
Collingwood Clo. NG11—6H 23
Collingwood Rd. NG10—6D 26
Collins Clo. NG6—6C 2
Collins Homes. NG9—1B 22
Collin St. NG1—4D 16 & 4D 30
Collin St. NG9—3A 4
Collison St. NG7—1H 15
Colly Ga. NG16—1B 6
Collygate Rd. NG2—1D 24
Colmon Clo. NG5—4A 4
Colmon Wlk. NG5—4A 4

Colonsay Clo. NG9—5C 12
Colston Cres. NG2—6E 25
Colston Rd. NG6—4F 3
Colville Ct. NG1—1C 16
Colville St. NG1—1C 16
Colville Ter. NG1—1C 16
(in two parts)
Colville Vs. NG1—1C 16
Colwick Ind. Est. NG4—2D 18
Colwick Loop Rd. NG4—3C 18 to 1F 19
Colwick Mnr. Farm. NG4—3C 18
Colwick Pk. Clo. NG4—3C 18
Colwick Rd. NG2—4F 17 to 3B 18
(Nottingham, in two parts)
Colwick Rd. NG2—6F 17
(West Bridgford)
Colwick Woods Ct. NG2—4G 17
Comery Av. NG3—1G 17
Commerce Sq. NG1—4D 16 & 3E 30
Commercial Av. NG9—3C 22
Commercial Rd. NG6—4E 3
(in two parts)
Commodore Gdns. NG8—4B 8
Common La. NG9—3F 21
Compton Acres. NG2—4C 24
Compton Acres Shopping Centre. NG2
—5C 24
Compton Rd. NG5—3F 9
Comyn Gdns. NG3—2D 16
Conduit Clo. NG2—5D 16
Coney Wlk. NG5—3H 3
Conifer Cres. NG11—5D 28
Conifer Wlk. NG3—6D 10
Coningsby Gdns. E. NG5—1B 10
Coningsby Rd. NG5—6F 5
Coningswath Rd. NG4—4E 11
Conisborough Ter. NG2—6D 16
Coniston Av. NG6—3B 8
Coniston Rd. NG9—1B 22
Coniston Rd. NG10—2A 26
Connelly Clo. NG5—5H 5
Constance St. NG7—4E 9
Convent St. NG1—3D 16 & 2E 30
Conway Av. NG4—6H 11
Conway Clo. NG3—1D 16
Conway Cres. NG4—6H 11
Conway Gdns. NG5—5F 5
Conway Rd. NG4—6H 11
Conway St. NG10—4E 27
Conway Wlk. NG3—1D 16
Cook Dri. DE7—2A 12
Cookson Av. NG4—3F 11
Coombe Clo. NG8—5F 15
Co-operative St. NG10—5D 26
Cooper Clo. NG6—5C 2
Coopers Grn. NG8—6B 14
Cooper St. NG4—1E 19
Copeland Av. NG9—2D 20
Copenhagen Ct. NG3—5A 10
Cope St. NG7—1A 16
Coppice Gro. NG3—3B 10
Coppice Rd. NG5—3F 5
Copseside Clo. NG10—4A 26
Copse, The. NG9—4H 21
Corben Gdns. NG6—4C 2
Corby Rd. NG3—4A 10
Coriander Dri. NG6—2C 8
Corinth Rd. NG11—1C 28
Cornell Dri. NG5—3H 5
Cornfields, The. NG5—3C 4
Cornhill Rd. NG4—6E 11
Cornwall Av. NG9—6F 23
Cornwall Av. NG10—3F 27
Cornwallis Clo. NG6—6D 26
Cornwall Rd. NG5—5D 4
Coronation Av. NG10—3A 20
Coronation Av. NG11—1C 24
Coronation Rd. NG3—2B 10
Corporation Oaks. NG3—6H 9
Corporation Rd. DE7—3A 12
Corrington Gdns. NG5—3D 4
Corsham Gdns. NG3—1G 17
Cosby Rd. NG2—4F 17
Cossall Rd. NG9—1C 12
Costock Av. NG5—3F 9
Cotgrave Av. NG4—4H 11
Coton Clo. NG11—6B 24
Cotswold Clo. NG10—3A 26
Cotswold Ct. NG8—6A 14
Cotswold Rd. NG8—4F 7
Cottage Meadow. NG4—4D 18
Cottage Ter. NG1—3B 16 & 2A 30
Cottam Dri. NG5—3A 4
Cottam Gdns. NG5—3A 4
Cottesmore Rd. NG7—3H 15
County Business Pk. NG2—5E 17
County Rd. NG2—5E 17
County Rd. NG4—3E 11

Court Cres. NG8—3C 14
Courtenay Gdns. NG3—1D 16
Court Gdns. NG2—5C 24
Courtleet Way. NG6—6E 3
Courtney Clo. NG8—2B 14
Court St. NG7—1A 16
Court Yd. NG8—2H 13
Covedale Rd. NG5—6C 4
Coventry Ct. NG6—6E 3
Coventry La. NG9—6F 13
Coventry Rd. NG6—4E & 5E 3
Coventry Rd. NG9—3D 22
Covert Rd. NG2—4H 25
Cowdrey Gdns. NG5—5H 5
Cowen St. NG1—3D 16 & 1E 30
Cowlairs. NG5—5H 3
Cow La. NG9—2H 21
Cowley St. NG6—3C 8
Cowper Rd. NG5—1A 10
Cowsthorpe Clo. NG5—3B 4
Coxmoor Clo. NG5—3B 4
Crabtree Field. NG2—3B 18
Crabtree Rd. NG6—6D 2
Cragdale Rd. NG5—6C 4
Craig St. NG10—5D 26
Crammond Clo. NG2—6B 16
Crampton Ct. NG5—3B 4
Cranberry Clo. NG2—4C 24
Cranborne Clo. NG9—5D 12
Cranbrook St. NG1—3D 16 & 2E 30
Cranfield Wlk. NG11—2D 28
Cranford Gdns. NG2—6C 24
Cranmer Clo. NG3—1D 16
Cranmer St. NG3—6G 9
Cranmer St. NG10—3D 26
Cranmer Wlk. NG3—1D 16
Cranmore Clo. NG5—1G 5
Cransley Av. NG8—5A 14
Cranston Av. NG5—2F 3
Cranston Rd. NG9—6A 14
Cranthorne Dri. NG3—1A 18
Cranwell Ct. NG6—5C 2
Cranwell Rd. NG8—4E 7
Cranworth Gro. NG5—3H 9
Craster Dri. NG6—4C 2
Craven Rd. NG7—6D 8
Crawford Av. NG9—2D 20
Crawford Clo. NG8—2B 14
Crawford Rise. NG5—3H 5
Creeton Grn. NG11—4D 28
Crescent Av. NG4—5G 11
Crescent, The. NG5—5A 10
Crescent, The. NG5—1B 10
Crescent, The. NG9—1H 27
(Chilwell)
Crescent, The. NG9—6D 12
(Stapleford)
Crescent, The. NG9—2G 27
(Toton)
Cresswell Rd. NG9—5G 21
Cressy Rd. NG11—1E 29
Cresta Gdns. NG3—3A 10
Crest View. NG5—2F 9
Crewe Clo. NG7—1H 15
Cribb Clo. NG11—3B 24
Crich View. NG5—3H 9
Crocus St. NG2—5D 16
Crofton Clo. NG8—2E 15
Crofton Rd. NG9—2H 27
Croft Rd. NG5—4F 5
Croft Rd. NG12—5G 25
Cromarty Ct. NG2—6B 16
Cromer Rd. NG3—6B 10
Cromford Rd. NG2—3F 25
Crompton Rd. DE7—6A to 4A 12
Cromwell Av. DE7—2A 12
Cromwell Rd. NG9—3B 22
Cromwell St. NG4—6G 11
Cromwell St. NG7—2B 16 & 1A 30
Cropston Clo. NG2—6E 25
Cropwell Grn. NG3—2F 17
Crosby Rd. NG2—1F 25
Crossdale Wlk. NG5—4H 3
Crossfield Ct. NG5—3B 4
Crossfield Dri. NG5—3B 4
Crossgate Dri. NG2—1B 24
Crosslands Meadow. NG4—3D 18
Crossley St. NG5—3G 9
Crossman St. NG5—3G 9
Cross St. NG4—6F 11
(Carlton)
Cross St. NG4—1E 19
(Netherfield)
Cross St. NG5—5H 5
Cross St. NG9—3C 22
Cross St. NG10—4E 27
(Long Eaton)

Cross St. NG10—4B 20
(Sandiacre)
Crowborough Av. NG8—6B 14
Crowhill Rd. NG4—6H 11
Crowley Clo. NG8—2H 13
Crowthorne Clo. NG5—2G 3
Crowthorne Gdns. NG5—2H 3
Croxall Clo. NG11—6H 23
Croydon Rd. NG7—1A 16
Crummock Clo. NG9—1A 22
Crusader Ct. NG11—2B 28
Cuillin Clo. NG10—3A 26
Culbert Lodge. NG7—4E 9
Culbert Pl. NG7—4D 8
Culdrose Wlk. NG3—5A 10
Cullens Ct. NG5—4G 9
Cullin Clo. NG5—2A 4
Cumberland Av. NG9—3A 22
Cumberland Pl. NG1—3C 16 & 3B 30
Curie Ct. NG7—6G 15
Curlew Clo. NG3—2A 18
Curlew Wharf. NG7—5A 16
Curzon Av. NG4—6E 11
Curzon Ct. NG3—2E 17
Curzon Gdns. NG3—2E 17
Curzon Pl. NG3—2D 16 & 1E 30
Curzon St. NG3—2D 16 & 1E 30
Curzon St. NG4—1E 19
Curzon St. NG10—2B 26
Cuthbert's Rd. NG3—3F 17
Cutthrough La. NG7—1E 23
Cuxton Clo. NG8—4E 7
Cycle Rd. NG7—4H 15
Cyprus Av. NG9—2C 22
Cyprus Dri. NG9—2C 22
Cyprus Rd. NG3—5H 9
Cyril Av. NG8—6C 8
Cyril Av. NG9—3B 22
(Beeston)
Cyril Av. NG9—3C 20
(Stapleford)
Cyril Rd. NG2—2H 25

Dabell Av. NG6—3C 2
Dagmar Gro. NG3—5A 10
Dagmar Gro. NG9—4D 22
Daisy Rd. NG3—5C 10
Dakeyne St. NG3—3E 17
Dalbeattie Clo. NG5—3H 5
Dalby Sq. NG8—4F 15
Dale Av. NG3—3D 10
Dale Av. NG4—6E 11
Dale Av. NG10—3D 26
Dale Clo. NG2—3H 25
Dale Farm Av. NG3—2G 17
Dale Gro. NG2—3F 17
Dalehead Rd. NG11—2C 28
Dale La. NG9—4B 22
Dalemoor Gdns. NG8—5A 8
Dale Rd. NG4—6E 11
Daleside Rd. NG2—5F 17
Daleside Rd. E. NG2—4H 17
Dale St. NG2—4F 17
Dale View Rd. NG3—6D 10
Dalkeith Ter. NG7—1A 16
Dallas York Rd. NG9—3E 23
Dalley Clo. NG9—2D 20
Dalton Clo. NG9—5D 20
Damson Wlk. NG3—6D 10
Danbury Mt. NG5—3H 9
Dane Clo. NG3—2D 16
Dane Ct. NG3—2D 16
Danes Clo. NG5—3D 4
Danethorpe Vale. NG5—1H 9
Darkey La. NG9—4E 21
(in two parts)
Darley Av. NG4—5G 11
Darley Av. NG7—6D 8
Darley Av. NG9—1E 27
Darley Rd. NG7—6D 8
Darlton Dri. NG5—4H 5
Darnall Clo. NG5—5H 3
Darnhall Cres. NG8—1A 14
Daron Gdns. NG5—4B 4
Dartmeet Ct. NG7—1G 15
Darvel Clo. NG8—2E 15
Darwin Clo. NG5—3H 3
Darwin Rd. NG10—6B 26
David Gro. NG9—1B 22
David La. NG6—2C 8
Davidson Clo. NG5—5H 5
Davidson St. NG2—4G 17
Davies Rd. NG2—2G 25
Dawlish Dri. NG5—6C 4
Dawn View. NG9—6C 12
Daybrook Av. NG5—3G 9

Nottingham 35

Daybrook St. NG5—3H 9
Deabill St. NG4—1E 19
Deakins Pl. NG7—2G 15
Deal Gdns. NG6—4C 2
Dean Av. NG3—3D 10
Dean Clo. NG8—2B 14
Dean Rd. NG5—6E 5
Deans Croft. NG9—6G 13
Dean St. NG1—4E 17 & 3F 30
Deddington La. NG9—5G & 5H 13
Deeley Av. NG7—5B 16
Deepdale Av. NG9—4C 20
Deepdale Rd. NG8—3A 14
Deepdale Rd. NG10—6A 26
Deepdene Clo. NG3—3H 7
Deepdene Way. NG8—3H 7
Deep Furrow Av. NG4—6F 11
Deering Ct. NG2—6C 16
Deerleap Dri. NG5—5C 4
Deer Pk. NG8—4B 14
Deer Pk. Dri. NG5—3C 4
Dell Way. NG11—2E 29
Dellwood Clo. NG4—4E 11
Delta St. NG7—4E 9
Denacre Av. NG10—3E 27
Denehurst Av. NG8—4B 8
Denewood Av. NG9—5H 13
Denewood Cres. NG8—5F 7
Denholme Rd. NG8—2A 14
Denison St. NG7—2A 16
Denison St. NG9—3B 22
Denman St. NG7—2H 15 & 2A 16
(in four parts)
Denmark Gro. NG3—5A 10
Dennett Clo. NG3—2E 17
Dennis Av. NG9—1B 22
Dennis St. NG4—1E 19
Denstone Rd. NG3—3F 17
Dentdale Dri. NG8—4H 13
Denton Av. NG10—4A 20
Denton Dri. NG2—6E 25
Denton Grn. NG8—4G 7
Denver Ct. NG9—6D 12 & 6E 13
Deptford Cres. NG6—6F 3
Derby Gro. NG7—3A 16
Derby Rd. DE7 & NG10—5A 20
Derby Rd. NG9, NG7 & NG1
(Nottingham)—2F 21 to 3B 16 & 2A 30
Derby Rd. NG9—4C 20
(Stapleford)
Derby Rd. NG10—4A 26
Derbyshire Av. NG9—4C 12
Derbyshire Cres. NG8—3D 14
Derby St. NG1—3B 16 & 2A 30
Derby St. NG5—4F 5
Derby St. NG9—3C 22
Derby Ter. NG7—3A 16
Dereham Dri. NG5—1G 3
Derry Dri. NG5—2F 5
Derry Hill Rd. NG5—2F 5
Derwent Clo. NG9—6B 22
Derwent Ct. NG7—1B 16
Derwent Cres. NG5—5G 5
Derwent St. NG10—6A 26
Derwent Ter. NG5—3H 9
Desford Clo. NG5—1E 9
De Vere Gdns. NG5—1C 10
Devon Cir. NG5—2E 5
Devon Clo. NG10—5A 20
Devon Dri. NG5—3G 9
Devon Dri. NG11—4H 29
Devonshire Av. NG9—3C 22
Devonshire Av. NG10—3F 27
Devonshire Cres. NG5—4G 9
Devonshire Dri. NG9—6D 12
Devonshire Prom. NG7—4H 15
Devonshire Rd. NG2—4F 25
Devonshire Rd. NG5—3G 9
Devon St. DE7—2A 12
Devon St. NG3—2F 17
Dickson Dri. NG1—6H 29
Didcot Dri. NG8—4C 8
Digby Av. NG3—2D 10
Digby Av. NG8—4D 14
Digby Ct. NG7—4A 16
Digby Hall Dri. NG4—2E 11
Dirac Clo. NG11—3B 28
Diseworth Gro. NG2—1D 24
Distillery St. NG11—6G 29
Dockholm Rd. NG10—1B 26
Dogwood Av. NG6—4C 2
Dolphin Ct. NG5—3A 4
Doncaster Av. NG10—4A 20
Doncaster Gro. NG10—3E 27
Doncaster Ter. NG2—6D 16
Donington Rd. NG11—2D 28
Dooland Dri. NG3—5B 10
Dorchester Gdns. NG2—6F 25

Doris Ct. NG9—2G 27
Dorket Clo. NG5—2G 5
Dorket Dri. NG8—4F 15
Dorking Rd. NG7—1H 15
Dormy Clo. NG9—2H 21
Dormy Ct. NG6—4G 3
Dornoch Av. NG5—3H 9
Dorothy Av. NG10—4B 20
Dorothy Gro. NG8—2F 15
Dorset Gdns. NG2—5D 24
Dorset St. NG8—3G 15
Dorterry Cres. NG7—2A 12
Douglas Av. NG4—1C 18
Douglas Ct. NG9—2F 27
Douglas Cres. NG4—2C 18
Douglas Rd. NG7—3A 16
Douglas Rd. NG10—2B 26
Douro Dri. NG5—2H 5
Dovecote Dri. NG8—3B 14
Dovecote La. NG9—4C 22
Dovecotes, The. NG9—4C 22
Dovedale Av. NG10—6A 26
Dovedale Ct. NG10—6B 26
Dovedale Rd. NG2—4G 25
Dovedale Rd. NG3—1A 18
Dove La. NG10—3C 26
Dovenby Rd. NG11—1E 29
Doveridge Av. NG4—5H 11
Doveridge Rd. NG4—5H 11
Dove St. NG6—4E 3
Downes Clo. NG6—4D 2
Downham Clo. NG5—5G 5
Downing Clo. NG6—3E 3
Downing Gdns. NG6—3E 3
Downing St. NG6—3E 3
Downs, The. NG11—6B 24
Dowson St. NG7—1F 17
Doyne Ct. NG2—6C 16
Drakemyre Clo. NG5—2H 5
Drake Rd. NG4—2F 19
Drayton St. NG5—3H 9
Drift, The. NG11—1D 28
Drummond Av. NG4—1E 19
Drummond Dri. NG16—2F 7
Dryden Ct. NG9—6E 13
Dryden St. NG1—2C 16
Drysdale Clo. NG8—6E 3
Duchess Gdns. NG6—3E 3
Duchess St. NG6—3E 3
Dudley Ct. NG9—1G 21
Duffield Ct. NG5—4H 3
Duke Clo. NG6—6C 2
Dukes Pl. NG1—3E 17 & 3E 30
Duke St. NG5—4E 5
Duke St. NG6—4E 3
Duke St. NG7—5E 9
Duke William Mt. NG7—4B 16
Dulverton Vale. NG8—3H 7
Dulwich Rd. NG7—2H 15
Dunblane Rd. NG11—6H 29
Duncombe Clo. NG3—1E 17
Duncroft Av. NG4—5H 11
Dundas Clo. NG1—2C 16
Dungannon Rd. NG11—3D 28
Dunholme Clo. NG6—3E 3
Dunkery Rd. NG11—4E 29
Dunkirk Rd. NG7—6H 15 & 1H 23
Dunlop Av. NG7—4H 15
Dunoon Clo. NG5—2H 3
Dunsby Clo. NG11—2D 28
Dunsil Dri. NG2—1B 24
Dunsmore Clo. NG8—6E 23
Dunstan St. NG4—1E 19
(in two parts)
Dunster Rd. NG2—4G 25
Dunston Clo. NG10—5F 27
Dunvegan Dri. NG5—2H 3
Durham Av. NG2—3F 17
Durham Chambers. NG1—2D 30
Durham Clo. NG2—3F 17
Durham Cres. NG6—5F 3
Durlston Clo. NG2—5C 24
Durnford St. NG7—4E 9
Dursley Clo. NG6—6E 3
Dyce Clo. NG6—4C 2
Dylan M. NG8—6F 7
Dylan Thomas Rd. NG5—3C 4

Eagle Clo. NG5—4G 5
Eagle Clo. NG9—2A 22
Eagle Ct. NG6—4G 3
Ealing Av. NG6—1C 8
Eardley Rd. NG5—5H 3
Earl Cres. NG4—3H 11
Earls Clo. NG8—3H 13
Earlsfield Dri. NG5—2G 3
Earlswood Dri. NG12—6H 25

E. Circus St. NG1—3C 16 & 2B 30
Eastcliffe Av. NG4—2F 11
Eastcote Av. NG5—5H 13
East Cres. NG9—5E 23
E. Croft. NG2—5E 17
Eastdale Rd. NG3—1A 18
Eastglade Rd. NG5—5A 4
East Gro. NG7—5F 9
Eastham Clo. NG3—2E 17
Eastham Rd. NG5—5H 5
Eastholme. NG2—3B 18
Easthorpe Cotts. NG11—5H 29
Easthorpe St. NG11—5H 29
Eastleigh Clo. NG5—4H 3
Eastmoor Dri. NG4—6H 11
East St. NG1—3D 16 & 2E 30
East St. NG10—4E 27
East St. NG11—6G 29
East View. NG2—4E 25
Eastwood St. NG6—6E 3
Eaton Av. NG5—5G 5
Eaton Clo. NG9—4E 23
Eaton Grange Dri. NG10—4A 26
Eatons Rd. NG9—3D & 4D 20
Eaton St. NG3—3B 10
Eaton Ter. NG3—3B 10
Ebers Gro. NG3—5G 9
Ebers Rd. NG3—5G 9
Ebony Wlk. NG3—6D 10
Ebury Rd. NG5—5F 9
Eckington Ter. NG2—1D 24
Ecton Clo. NG5—3A 4
Edale Clo. NG10—6B 26
Edale Rise. NG9—6E 21
Edale Rd. NG2—3G 17
Eddlestone Dri. NG11—3E 29
Edenbridge Ct. NG8—6A 14
Eden Clo. NG5—5G 5
Edenhall Gdns. NG11—2D 28
Eder Dri. NG5—4A 4
Edern Clo. NG5—4A 4
Edern Gdns. NG5—4A 4
Edgecote Way. NG5—5B 4
Edge Way. NG8—4E 7
Edginton St. NG3—1F 17
Edginton Ter. NG3—1F 17
Edgware Rd. NG6—4G 3
Edinbane Clo. NG5—2A 4
Edingale Ct. NG9—4G 13
Edingley Av. NG5—2G 9
Edingley Sq. NG5—2G 9
Edlington Dri. NG8—4H 13
Edmonds Clo. NG5—1B 4
Ednaston Rd. NG7—6G 15
Edwald Rd. NG12—6H 25
Edwalton Av. NG2—2F 25
Edwalton Clo. NG5—5G 3
Edwalton Lodge Clo. NG12—6G 25
Edward Av. NG8—6C 8
Edward Rd. NG2—1F 25
Edward Rd. NG10—4D 26
Edwards La. NG5—6C 4
Edwards La. NG5—5C 4 to 2H 9
Edward St. NG9—3C 20
Edwinstowe Av. NG2—3G 25
Edwinstowe Dri. NG5—1H 9
Edwin St. NG5—5D 4
Egerton Dri. NG9—6C 12
Egerton Rd. NG5—1A 10
Egerton St. NG3—1C 16
Egerton Wlk. NG3—1C 16
Egling Croft. NG4—3D 18
Egmont Ct. NG2—6C 16
(in three parts)
Egypt Rd. NG7—4D 8
Eighth Av. NG9—5F 23
Eisele Clo. NG6—6C 2
Ekowe St. NG7—4E 9
Eland St. NG7—4D 8
Elder Clo. NG5—2H 5
Elder Gdns. NG5—3A 4
Eldon Chambers. NG1—3C 16 & 3C 30
Eldon Rd. NG9—2H 27
Eleanor Av. DE7—2A 12
Eleanor Cres. NG9—2F 21
Elford Rise. NG3—3F 17
Elnar Rd. NG10—6A 26
Elgar Gdns. NG3—1F 17
Eliot Clo. NG10—6B 26
Eliot Wlk. NG11—3B 28
Elizabeth Gro. NG4—4G 11
Ella Rd. NG2—1F 25
Ellastone Av. NG5—3D 4
Ellerby Av. NG11—1D 28
Ellerslie Gro. NG10—5A 20
Ellesmere Clo. NG5—4H 5
Ellesmere Dri. NG9—2C 12

Ellesmere Rd. NG2—5F 25
Elliott St. NG7—3B 16
Ellis Clo. NG10—6B 26
Ellis Ct. NG3—1D 16
Ellis Gro. NG9—4C 22
Ellsworth Rise. NG5—5A 4
Elm Av. NG3—1C 16
Elm Av. NG4—6H 11
Elm Av. NG9—3B 22
Elm Av. NG10—3C 26
(Long Eaton)
Elm Av. NG10—3A 20
(Sandiacre)
Elm Bank. NG3—6G 9
Elm Bank Dri. NG3—6H 9
Elmbridge. NG5—4C 4
Elm Clo. NG3—6G 9
Elmdale Gdns. NG8—6A 8
Elm Dri. NG4—6H 11
Elm Gro. NG5—3G 5
Elmhurst Av. NG3—4E 11
Elmore Ct. NG7—1A 16
Elms Clo. NG11—5H 29
Elms Gdns. NG11—5H 29
Elmsham Av. NG5—3G 3
Elms Pk. NG11—5H 29
Elms, The. NG4—1D 18
Elmsthorpe Av. NG7—4H 15
Elmswood Gdns. NG5—2H 9
Elm Tree Av. NG2—3E 25
Elson St. NG7—5E 9
Elston Gdns. NG11—6H 23
Elston M. NG3—6D 10
Elstree Dri. NG8—2D 14
Elswick Clo. NG5—3B 4
Elswick Dri. NG9—5E 23
Eltham Clo. NG8—3G 7
Eltham Dri. NG8—3G 7
Eltham Rd. NG2—3G 25
Elton Clo. NG9—1D 20
Elton Rd. N. NG5—4F 9
Elton Ter. NG7—6E 9
Elvaston Rd. NG8—2D 14
Elwes Lodge. NG4—1D 18
Emmanuel Av. NG3—4C 10
Emmanuel Av. NG5—2B 4
Emneth Clo. NG3—6C 10
Empingham Clo. NG9—2G 27
Ena Av. NG2—3F 17
Enderby Gdns. NG5—2E 5
Enderby Sq. NG9—1C 22
Endsleigh Gdns. NG9—3C 22
Endsleigh Gdns. NG12—6G 25
Enfield St. NG9—3B 22
Ennerdale Rd. NG5—6D 4
Ennerdale Rd. NG10—2B 26
Ennismore Gdns. NG8—1F 15
Ennismore M. NG2—1H 29
Enthorpe St. NG8—2E 15
Epperstone Rd. NG2—2F 25
Epsom Rd. NG9—1D 26
Erdington Way. NG9—1D 26
Erewash Ct. NG10—3C 26
Erewash Dri. DE7—1A 12
Erewash Gdns. NG5—3B 4
Erewash Gro. NG9—2E 27
Erewash Sq. DE7—1A 12
Erewash St. NG10—3D 26
Erith Clo. NG8—5E 7
Ernest Rd. NG4—5D 10
Ernhale Ct. NG5—3F 5
Erskine Rd. NG5—4F 9
Esher Gro. NG3—4H 9
Eskdale Clo. NG10—6A 26
Eskdale Dri. NG8—6A 8
Eskdale Gdns. NG5—5G 21
Ethel Av. NG3—4C 10
Ethel Rd. NG2—3G 25
Ethel Ter. NG7—4E 9
Eton Gro. NG8—3E 15
Eton Rd. NG2—4C 24
Eucalyptus Av. NG11—2B 28
Eugene Gdns. NG2—6D 16
Eugene St. NG2—5E 17
Evans Rd. NG6—2C 8
Evedon Wlk. NG5—3B 4
Evelyn St. NG2—4E 17
Evelyn St. NG9—3D 22
Eversley Wlk. NG5—4B 4
Evesham Ct. NG9—2G 27
Ewart Rd. NG7—5E 9
Ewe Lamb Clo. NG9—1E 21
Ewe Lamb La. NG9—1E 21
Ewell Rd. NG8—2B 14
Exbourne Rd. NG8—5G 7
Exbury Gdns. NG2—5C 24
Exchange Arc. NG1—2D 30
Exchange Rd. NG2—2F 25

Exchange Wlk. NG1—3D 16 & 3D 30
Excise Chambers. NG1—2E 30
Exeter Clo. NG4—3H 11
Exeter Rd. NG2—4F 25
Exeter Rd. NG7—5F 9
Exton Rd. NG5—2F 9
Eyam Clo. NG9—5H 13
Eyre St. NG2—3E 17

Fabis Dri. NG11—6G 23
Factory La. NG9—4B 22
Failsworth Clo. NG11—1D 28
Fairbank Cres. NG5—3H 9
Fairburn Clo. NG8—3H 13
Fairburn Clo. NG9—2H 21
Faircroft Av. NG10—4B 20
Fairfax Clo. NG5—3D 8
Fairfield Clo. NG11—4B 24
Fairham Clo. NG11—4G 29
Fairham Ct. NG11—1F 29
Fairham Dri. NG8—4F 15
Fairholme Ct. NG3—2E 17
Fairisle Clo. NG11—3E 29
Fairland Cres. NG2—6E 25
Fairlawn Pl. NG5—3H 9
Fair Lea Clo. NG10—6D 26
Fairlight Way. NG5—4C 4
Fairmead Clo. NG3—5C 10
Fairmead Gro. NG11—1C 28
Fairnley Rd. NG8—6E 7
Fairview Ct. NG2—1H 29
Fair View Rd. NG5—2B 10
Fairway Dri. NG6—4G 3
Fairway Dri. NG9—3A 22
Falconers Wlk. NG5—4D 4
Falcon Gro. NG7—5F 9
Falcon St. NG7—5F 9
Falconwood Gdns. NG11—2B 28
Fallow Clo. NG11—2D 28
Falstaff M. NG7—5E 9
Falston Rd. NG8—1D 14
Faraday Ct. NG9—6D 12
Faraday Rd. NG7—3G 15
Farfield Av. NG9—2B 22
Farfield Gro. NG9—2B 22
Farley St. NG6—4E 3
Farm Clo. NG11—2D 28
Farm Rd. NG5—4H 5
Farm Rd. NG9—5A 22
Farnborough Rd. NG11—6H 23 to 4C 28
Farndale Clo. NG10—6A 26
Farndale Dri. NG8—4G 13
Farndon Dri. NG9—1E 27
Farndon Grn. NG8—4F 15
Far New Clo. NG10—5B 20
Farringdon Clo. NG16—3E 7
Far Rye. NG8—2C 14
Farwells Clo. NG6—2B 8
Faulconbridge Clo. NG6—5D 2
Fearn Chase. NG4—1C 18
Fearn Clo. DE7—4A 26
Fearnleigh Dri. NG6—3C 8
Featherstone Clo. NG4—2F 11
Felen Clo. NG5—4A 4
Fellows Rd. NG9—3B 22
Fellside. NG5—1C 10
Felstead Ct. NG9—6H 13
Felstead Rd. NG8—2D 14
Felton Clo. NG9—5G 21
Felton Rd. NG2—1D 24
Fenchurch Clo. NG5—2B 4
Fenroth Clo. NG6—4C 2
Fenton Ct. NG5—1D 8
Fenton Dri. NG6—2F & 1F 3
Fenton Rd. NG5—1D 8
Fenwick Clo. NG8—3G 7
Fenwick Rd. NG8—3G 7
Fergus Clo. NG11—3D 28
Fern Av. NG5—5G 9
Fern Clo. NG9—2H 21
Ferndale Gro. NG3—2H 17
Ferndale Rd. NG3—2H 17
Ferngill Clo. NG2—6C 16
Fernleigh Av. NG3—3D 10
Fernwood Cres. NG8—4H 13
Ferny Hollow Clo. NG5—3H 3
Ferrers Wlk. NG3—2E 17
Ferriby Ter. NG2—1D 24
Ferry Lodge. NG4—1C 18
Festus Clo. NG3—1D 16
Festus St. NG4—1E 19
Field Clo. NG4—4H 11
Field Clo. NG9—6G 21
Field Ho. Clo. NG8—3A 14
Field La. NG9—6G 21
Fields Av. NG11—6H 29
Fields Farm Rd. NG10—6D 26

Fieldway. NG11—6B 24
Fiennes Cres. NG7—4B 16
Fifth Av. NG9 & NG7—4F 23
Filey St. NG6—4F 3
Finch Clo. NG7—1A 24
Finchley Clo. NG11—2A 28
Findern Grn. NG3—1G 17
Fingal Clo. NG11—3E 29
Finsbury Av. NG2—3F 17
Finsbury Rd. NG5—1B 4
Finsbury Rd. NG9—5H 13
Firbank Ct. NG9—5G 21
Firbeck Rd. NG5—3H 5
Firbeck Rd. NG8—3H 13
Fir Clo. NG6—4C 2
Fircroft Av. NG8—5F 7
Firs Av. NG9—2C 22
Firsby Rd. NG8—3G 7
Firs Rd. NG12—6H 25
First Av. NG4—6E 11
  (Carlton)
First Av. NG4—3C 18
  (Colwick)
First Av. NG4—4H 11
  (Gedling)
First Av. NG7—6F 9
First Av. NG9—2B 22
Firs, The. NG6—2H 9
Fir Wlk. NG3—6D 10
Fisher Av. NG5—6F 5
Fisher Ga. NG1—4E 17 & 3F 30
Fisher St. NG7—5E 9
  (in two parts)
Fishpond Dri. NG7—4B 16
Five Acres. NG11—6B 24
Flamsteed Rd. NG8—4E 7
Flatts, The. NG9—5G 21
Flawforth Av. NG11—5H 29
Flawforth La. NG11—5H 29
Flaxton Way. NG5—4H 3
Fleam Rd. NG11—6G 23
Fleeman Gro. NG2—6G 17
Fleet Clo. NG7—1G 15
Fleming Dri. NG4—6F 11
Fleming Gdns. NG11—3B 28
Fletcher Ga. NG1—3D 16 & 3D 30
Fletcher Rd. NG9—3D 22
Fletcher St. NG10—4D 26
Flewitt Gdns. NG3—2E 17
Flintham Dri. NG5—2G 9
Florence Av. NG10—3E 27
Florence Boot Clo. NG7—1E 23
Florence Gro. NG3—1G 17
Florence Nightingale Clo. NG7—1D 22
Florence Rd. NG2—2G 25
Florence Rd. NG3—5C 10
Florey Clo. NG7—6G 15
Florey Wlk. NG11—3B 28
Flowers Clo. NG5—6H 5
Flying Horse Wlk. NG1—3D 30
Foljambe Ter. NG3—2E 17 & 1F 30
Folkton Gdns. NG3—4C 10
Forbes Clo. NG10—6C 27
Force Hill. NG9—5A 22
Fordham Grn. NG11—3C 28
Ford St. NG7—4E 9
Ford St. N. NG7—4E 9
Forest Cotts. NG6—2G 3
Forest Ct. NG7—2A 16
Forester Clo. NG9—6H 21
Forester Gro. NG4—6F 11
Forester Rd. NG3—5C 10
Forester St. NG4—1E 19
Forest Gro. NG1—1C 16
Forest Gro. NG7—1A 16
Forest Rd. E. NG1—1B 16
Forest Rd. W. NG7—2A 16
Forge, The. NG9—3B 12
Forman St. NG1—3C 16 & 2C 30
Forster St. NG7—2H & 3H 15
Forsythia Gdns. NG7—5H 15
Foster Av. NG9—3C 22
Fothergill Ct. NG3—6G 9
Fountaindale Ct. NG3—1D 16
Fountains Clo. NG2—3H 25
Fountains Ct. NG9—3D 22
Fourth Av. NG5—5D 10
Fourth Av. NG7—4F 23
  (Beeston)
Fourth Av. NG7—5F 9
  (Nottingham)
Fowler St. NG3—6H 9
Fox Covert. NG4—3D 18
Fox Covert La. NG11—3A 28
Foxearth Av. NG11—1E 29
Fox Gro. NG5—3D 8
Fox Gro. Ct. NG5—3D 8
Foxhall Rd. NG7—5F 9

Foxhill Rd. NG4—5F 11
Foxhill Rd. Central. NG4—5E 11
Foxhill Rd. E. NG4—5F 11
Foxhill Rd. W. NG4—5D 10
Foxhollies Gro. NG5—2G 9
Fox Rd. NG2—1F 25
Foxton Clo. NG6—3C 2
Fradley Clo. NG6—2F 3
Frampton Rd. NG8—6H 7
Francis Gro. NG6—2D 8
Francis Rd. NG4—6H 11
Francis St. NG7—2B 16
Franklyn Gdns. NG8—1F 15
Fraser Cres. NG4—4D 10
Fraser Rd. NG2—1E 25
Fraser Rd. NG4—4D 10
Fraser Sq. NG4—4E 11
Freckingham St. NG1—3E 17
Freda Av. NG4—3F 11
Freda Clo. NG4—3F 11
Frederick Av. DE7—3A 12
Frederick Av. NG4—6D 10
Frederick Gro. NG7—4H 15
Frederick Rd. NG9—3C 20
Frederick St. NG10—5E 27
Freeland Clo. NG9—1E 27
Freeman Rd. NG4—6H 11
Freemans Ter. NG4—6H 11
Freeston Dri. NG6—3C 2
Freeth St. NG2—6C 16
Freiston St. NG7—1H 15
Fremantle Wlk. NG5—3H 3
Fremount Dri. NG8—1C 14
French St. DE7—1A 12
Fretwell St. NG7—1H 15
Friar La. NG1—4C 16 & 3C 30
Friars Ct. NG7—4B 16
Friar St. NG7—6H 15
Friar St. NG10—5D 26
Friary Clo. NG7—5H 15
Friday La. NG4—4H 11
Frinton Rd. NG8—4F 7
Frisby Av. NG10—5D 26
Frobisher Gdns. NG5—6D 4
Frogmore St. NG1—1C 16
Front St. NG5—4F 5
Fryma Ho. NG7—2A 16
Fulford Ct. NG11—6G 29
Fulforth St. NG1—1C 16
Fuller St. NG11—6G 29
Fulwood Clo. NG9—6H 21
Fulwood Cres. NG8—5H 7
Furlong Av. NG5—4E 5
Furlong Clo. NG9—1D 20
Furlong St. NG5—4F 5
Furnace Rd. DE7—1B 12
Furness Clo. NG2—3H 25
Furness Rd. NG6—3B 8
Furze Gdns. NG3—1D 16
Fylde Clo. NG9—2E 27
Fylingdale Way. NG8—4G & 4H 13

Gables, The. NG7—5F 9
Gabor Clo. NG11—3B 28
Gabor Ct. NG11—3B 28
Gabrielle Clo. NG6—1B 8
Gadd St. NG7—1A 16
Gainsborough Clo. NG9—3E 21
Gainsborough Clo. NG10—6E 27
Gainsborough St. NG9—3D 22
Gainsford Clo. NG5—6A 4
Gainsford Cres. NG5—6A 4
Galena Dri. NG3—6C 10
Galen Ct. NG7—6G 15
Gallows Inn Clo. DE7—2A 12
Gallows Inn Ind. Est. DE7—1A 12
Galway Rd. NG5—3E 5
Galway Rd. NG7—4A 16
Gamble St. NG7—2A 16
Gamston Cres. NG5—2H 9
Ganton Clo. NG3—4C 10
Garden Av. NG4—6F 11
Garden City. NG4—6G 11
Gardendale Av. NG11—3B 28
Gardenia Clo. NG9—2G 27
Gardenia Cres. NG3—4E 11
Gardenia Gro. NG3—4D 10
Garden Rd. NG9—4C 20
Gardens Ct. NG2—3H 25
Garden St. NG7—2A 16
Garfield Clo. NG9—1D 20
Garfield Rd. NG7—2H 15
Garfield Rd. NG7—2H 15
Garforth Clo. NG8—5C 8
Garner's Hill. NG1—4D 16 & 3E 30
Garnet Ct. NG3—2E 17
Garnet St. NG4—1D 18
Garrett Gro. NG11—2B 28

Garsdale Dri. NG11—6B 24
Garton Clo. NG6—1A 8
Garton Clo. NG9—5G 21
Gas St. NG10—4B 20
Gatcombe Gro. NG10—6A 20
Gateford Clo. NG9—5H 13
Gatehouse Ct. NG9—5A 22
Gateside Rd. NG2—1B 24
Gatling St. NG7—2H 15
Gaul St. NG6—4E 3
Gauntley Ct. NG7—5D 8
Gauntley St. NG7—5D 8
Gautries Clo. NG5—3A 4
Gavin M. NG7—5E 9
Gawthorne St. NG7—4E 9
Gayhurst Grn. NG6—1D 8
Gayhurst Rd. NG6—6H 3
Gaynor Ct. NG8—1E 15
Gayrigg Ct. NG9—5G 21
Gayton Clo. NG8—5E 7
Gaywood Clo. NG11—4E 29
Gedling Gro. NG5—4G 5
Gedling Gro. NG7—1B 16
Gedling Rd. NG4—5H 11
Gedling Rd. NG5—4F to 6H 5
Gedling St. NG1—3E 17 & 2F 30
Gedney Av. NG3—5B 10
Gell Rd. NG9—6F 21
George Av. NG9—5C 22
George Av. NG10—3E 27
George Rd. NG2—2E 25
George Rd. NG4—6G 11
George St. NG1—3D 16 & 2E 30
George St. NG5—5E 5
Georgia Dri. NG5—1F 5
Georgina Rd. NG9—5C 22
Gerrard Clo. NG5—1B 4
Gertrude Rd. NG2—1H 25
Gervase Gdns. NG11—1B 28
Ghost Ho. La. NG9—5G 21
Gibbons Av. NG9—3D 20
Gibbons St. NG7—1H 23
Gibb St. NG10—5D 26
Gibson Rd. NG7—6F 9
Gifford Gdns. NG2—6C 16
Gilbert Gdns. NG3—1G 17
Gilead St. NG8—4E 3
Giles Av. NG2—4E 25
Gillian Ct. NG9—4D 20
Gill St. NG1—2C 16
Gilpit Av. NG3—6B 10
Gipsy La. NG11—2B 28
Girton Rd. NG5—2F 9
Gisburn Clo. NG11—5A 24
Glade Av. NG8—3E 15
Gladehill Rd. NG5—4C 4
Glade, The. NG11—5D 28
Gladstone Dri. NG4—6G 11
Gladstone St. NG5—7D 8
Gladstone St. NG9—4C 22
Gladstone St. NG10—5C 26
Gladstone Ter. NG7—5F 9
Glaisdale Dri. E. NG8—2A 14
Glaisdale Dri. W. NG8—3A 14
Glaisdale Pk. Ind. Est. NG8—2A 14
Glaisdale Parkway. NG8—2A 14
Glamis Rd. NG5—3E 9
Glapton La. NG11—2C 28
Glapton Rd. NG2—6D 16
Glaramara Clo. NG2—6C 16
Glasshouse St. NG1—2D 16 & 1D 30
Glebe Cotts. NG11—2B 24
Glebe Cres. DE7—1A 12
Glebe Farm Clo. NG2—6D 24
Glebe Farm View. NG4—2H 11
Glebe Rd. NG2—3F 25
Glebe Rd. NG4—4E 11
Glebe St. NG9—3B 22
Glenbrook Cres. NG8—1D 14
Glencairn Dri. NG8—5H 7
Glencairn M. NG8—5H 7
Glencoe Rd. NG11—3E 29
Glencoyne Rd. NG11—4D 28
Glendale Clo. NG4—4F 11
Glendale Ct. NG9—6B 22
Glendale Gdns. NG5—5G 5
Glendon Dri. NG5—3F 9
Gleneagles Ct. NG12—6H 25
Gleneagles Dri. NG5—2H 5
Glenfield Rd. NG10—6C 26
Glen Helen. NG4—1D 18
Glenlivet Gdns. NG11—3E 29
  (in two parts)
Glenloch Dri. NG11—4D 28
Glenmore Rd. NG2—4H 25
Glenorchy Cres. NG5—4H 3
Glenparva Av. NG5—2H 3
Glensford Gdns. NG5—3E 5

Glenside. NG5—6H 5
Glenside Rd. NG9—6H 13
Glen, The. NG11—2D 28
Glentworth Rd. NG7—1H 15
Glenwood Av. NG8—4A 14
Glins Rd. NG5—3A 4
Gloucester Av. NG7—4H 15
Gloucester Av. NG9—5C 22
Gloucester Av. NG10—6A 20
Gloucester Av. NG16—2G 7
Glover Av. NG8—3A 14
Goatchurch Ct. NG5—3A 4
Goathland Clo. NG5—3C 4
Godfrey St. NG4—2E 19
Goldham Rd. NG8—5E 7
Goldsmith Sq. NG1—2C 16 & 1B 30
Goldsmith St. NG1—2C 16 & 1B 30
Goldswong Ter. NG3—1D 16
Golf Club Rd. DE7—1A 20
Goodall St. NG7—1H 15
Goodliffe St. NG7—5D 8
Goodwin St. NG7—2B 16
Goodwood Av. NG5—3E 5
Goodwood Dri. NG9—2E 27
Goodwood Rd. NG8—3A 14
Goose Ga. NG1—3D 16 & 2E 30
Gordon Gro. NG7—4E 9
Gordon Rise. NG3—3A 10
Gordon Rd. NG2—2G 25
Gordon Rd. NG3—1F 17
Gordon Sq. NG3—2G 25
Gordon St. NG6—1C 8
Gorman Ct. NG5—4H 5
Gorse Ct. NG6—6H 3
Gorse Wlk. NG3—6D 10
Gorsey Rd. NG3—6H 9
Gosforth Ct. NG2—6D 16
Goverton Sq. NG6—1C 8
Goyden Clo. NG5—3A 4
Grace Av. NG9—4E 23
Grace Dri. NG8—6C 8
Grafton Av. NG5—1A 10
Grafton Ct. NG7—3A 16
Graham St. NG7—2H 15
Grainger Av. NG2—6E 25
Grainger St. NG2—5F 17
Grampian Dri. NG5—2B 4
Grampian Way. NG10—4A 26
Granby Vs. NG2—4F 17
Grange Av. NG9—4C 22
Grange Av. NG11—4G 29
Grange Clo. NG11—2B 24
Grange Cres. NG4—4F 11
Grangelea Gdns. NG9—2H 21
Grange Pk. NG2—5H 17
Grange Rd. NG5—1A 10
Grange Rd. NG6—3B 8
Grange Rd. NG10—3F 27
Grange Rd. NG12—6G 25
Grange View Rd. NG4—3H 11
Grangewood Ct. NG8—4H 13
Grangewood Rd. NG8—4H & 5H 13
Grannis Dri. NG8—5H 7
Grantham Rd. NG12—6H 19
Grantleigh Clo. NG8—2C 14
(in two parts)
Granton Av. NG11—4D 28
Grant St. NG7—2A 16
Granville Av. NG10—2C 26
Granville Ct. NG3—2F 17
Granville Gro. NG3—2F 17
Grasby Wlk. NG11—1C 28
Grasmere Av. NG8—3B 8
Grasmere Ct. NG10—1A 26
Grasmere Rd. NG9—1A 22
Grasmere Rd. NG10—1A 26
Grasmere St. NG10—4B 20
Grassingdale Clo. NG4—4F 11
Grassington Rd. NG8—1G 15
Grassy La. NG9—5D 22
Graveney Gdns. NG5—5H 5
Graylands Rd. NG8—1B 14
Grazingfield. NG11—6B 24
Greasley St. NG6—5E 3
Gt. Freeman St. NG3—2D 16
Gt. Hoggett Dri. NG8—4G 21
Gt. Northern Clo., The. NG2
—4E 17 & 4F 30
Gt. Northern Way. NG4—1F 19
Greaves Clo. NG5—6H 5
Greaves Clo. NG8—5F 7
Greek St. NG7—2A 16
Green Acre. NG8—3G 13
Greenacre. NG12—6H 25
Greenbank. NG4—2B 18
Greencroft. NG11—1D 28
Greendale Gdns. NG8—5A 8
Greendale Rd. NG3—1A 18

Greendale Rd. NG5—5G 5
Greenfield Gro. NG4—6E 11
Greenfield St. NG7—6G 15
Greenford Dri. NG16—2E 7
Greengate Av. NG3—2C 10
Greenhill Cres. NG4—1C 18
Greenhill Rise. NG4—6G 11
Greenhill Rd. NG4—1C 18
Greenland Cres. NG9—6H 21
Green La. DE7—1A 12
Green La. NG11—2C 28
Green Leys. NG2—6C 24
Greens Farm La. NG4—3H 11
Greenside Clo. NG10—5E 27
Greenside Wlk. NG3—1A 18
Green St. NG2—1E 25
Green St. NG11—5A 28
Green, The. NG9—5B 22
Green, The. NG11—5H 29
Green, The. NG7—4H 19
Greenway Clo. NG12—5H 19
Greenway, The. NG10—4A 20
Greenwich Av. NG6—2B 8
Greenwood Av. DE7—1A 12
Greenwood Av. NG3—3B 18
Greenwood Ct. NG9—4A 22
Greenwood Cres. NG4—2C 18
Greenwood Gdns. NG11—6H 29
Greenwood Rd. NG3 & NG4—2H 17
Greet Ct. NG7—1G 15
Greetwell Clo. NG8—1D 14
Gregory Av. NG3—3D 10
Gregory Av. NG7—4H 15
Gregory Boulevd. NG7—1H 15
Gregory Clo. NG9—1E 21
Gregory Ct. NG7—4H 15
Gregory St. NG7—5H 15
Gregson Rd. NG9—1G 27
Grenay Ct. NG11—4G 29
Grenfell Ter. NG8—1D 8
Grenville Dri. NG9—1D 20
Grenville Rise. NG5—2G 5
Grenville Rd. NG9—6E 23
Gresham Clo. NG2—3D 24
Gresham Gdns. NG2—3D 24
Gresham Gdns. NG5—6G 5
Gretton Rd. NG3—2C 10
Greyfriar Ga. NG1—4C 16 & 4C 30
Greyhound St. NG1—3D 16 & 2D 30
Greys Rd. NG5—1B 10
Greystoke Dri. NG8—1H 13
Greythorn Dri. NG2—6D 24
Grierson Av. NG5—3B 4
Griffs Hollow. NG4—1C 18
Grimsby Ter. NG3—2D 16
Grimston Rd. NG7—4C 2
Grindon Cres. NG6—1F 3
Grisedale Ct. NG9—5G 21
Gritley M. NG2—5C 16
Grosvenor Av. NG5—5H 9
Grosvenor Ct. NG3—6H 9
Grouville Dri. NG5—6H 5
Grove Av. NG7—1A 16
Grove Av. NG9—4B 22
Grover Av. NG3—2D 10
Grove Rd. NG7—5A 16
Groveside Cres. NG11—1B 28
Grove St. NG9—5D 22
Grove, The. NG5—3G 9
Grove, The. NG7—1A 16
Grundy St. NG7—1H 15
Gunn Clo. NG6—5D 2
Gunnersbury Way. NG16—3E 7
Gunthorpe Clo. NG5—2G 9
Gunthorpe Dri. NG5—2G 9
Gunthorpe Rd. NG4—2F 11
Gutersloh Ct. NG9—1E 21
Gwenbrook Av. NG9—4B 22
Gwenbrook Rd. NG9—5B 22
Gwndy Gdns. NG5—4A 4

Hadbury Rd. NG5—3D 8
Hadden Ct. NG8—2A 14
Haddon Clo. NG4—4F 11
Haddon Cres. NG9—1H 27
Haddon Rd. NG2—3F 25
Haddon St. NG5—3G 9
Hadley St. DE7—2A 12
Hadrian Gdns. NG5—1A 4
Hadstock Clo. NG10—5A 20
Hagley Clo. NG3—1H 17
Haileybury Cres. NG2—5F 25
Haileybury Rd. NG2—5F 25
Haise Ct. NG6—6C 2
Halberton Dri. NG2—5D 24
Halifax Ct. NG8—3E 7

Halifax Pl. NG1—4D 16 & 3E 30
Halina Ct. NG9—2C 22
Hallam Fields Rd. DE7—3A 12
Hallam Rd. NG3—4C 10
Hallam Rd. NG9—4C 22
Hallam's La. NG5—4F 5
Hallams La. NG9—5A 22
Hall Croft. NG9—4C 22
Hall Dri. NG8—4B 14
Hall Dri. NG9—5A 22
Hall Dri. NG10—4B 20
Hallfields. NG12—6H 25
Hall Gdns. NG9—3G 21
Hallowell Dri. NG8—2C 14
Halls Rd. NG9—4C 20
Hall St. NG5—2H 9
Hall View Dri. NG8—2A 14
Halstead Clo. NG2—2A 8
Halstead Clo. NG9—6H 21
Haltham Wlk. NG11—4C 28
Hambledon Dri. NG8—2E 15
Hambleton Clo. NG10—3A 26
Hambling Clo. NG6—5D 2
Hamilton Clo. NG9—2E 27
Hamilton Ct. NG11—1E 29
Hamilton Dri. NG7—4B 16 & 4B 30
Hamilton Gdns. NG5—5G 9
Hamilton Pl. NG2—4F 17
Hamilton Rd. NG5—5F 9
Hamilton Rd. NG10—3C 26
Hampden Gro. NG9—4B 22
Hampden St. NG1—2C 16
Hampshire Dri. NG10—5A 20
Hampstead Rd. NG3—4A 10
Hampton Clo. NG9—6D 20
Hampton Rd. NG2—4E 25
Handel St. NG3—3E 17
Hanley Av. NG9—1G 21
Hanley St. NG1—3C 16 & 2B 30
Hannah Cres. NG11—2B 24
Hanover Ct. NG8—1A 14
Hanslope Cres. NG8—1A 14
Hanworth Gdns. NG5—3D 4
Harby Dri. NG8—4F 15
Harcourt Cres. NG16—2G 7
Harcourt Rd. NG7—5E 9
Harcourt St. NG6—4C 22
Harcourt Ter. NG3—2E 17 & 1F 30
Harden Ct. NG11—4B 28
Hardstaff Rd. NG2—3G 17
Hardstaffs Almshouses. NG4—3H 11
Hardwicke Rd. NG9—1H 27
Hardwick Gro. NG2—1F 25
Hardwick Gro. NG7—4A 16
Hardwick Rd. NG5—2H 9
Hardwick Rd. NG7—4A 16
Hardwood Clo. NG6—4C 2
Hardy Clo. NG10—6D 26
Hardy's Dri. NG4—4H 11
Hardy St. NG7—1A 16
Harewood Av. NG6—6G 3
Harewood Clo. NG10—6A 20
Harkstead Rd. NG5—3B 4
Harlaxton Dri. NG7—3A 16
Harlaxton Dri. NG10—3F 27
Harlaxton Wlk. NG3—1D 16
Harlech Rise. NG9—6G 21
Harley St. NG7—4A 16
Harlow Gro. NG4—3G 11
Harmston Rise. NG5—1E 9
Harnett Clo. NG1—4D 16 & 4E 30
Harold Ct. NG2—3F 17
Harold St. NG2—3F 17
Harpenden Sq. NG8—2H 7
Harpole Wlk. NG5—1G 5
Harriett St. NG9—2C 20
Harrimans La. NG7—2G 23
Harrington Dri. NG7—4A 16
Harris Clo. NG8—2C 14
Harrison Rd. NG9—1D 20
Harris Rd. NG9—4A 22
Harrogate Rd. NG3—2A 18
Harrogate St. NG4—1D 18
Harrowby Rd. NG7—4A 16
Harrow Gdns. NG8—3E 15
Harrow Rd. NG2—4F 25
Harrow Rd. NG8—3D 14
Harry Peel Ct. NG9—3D 22
Hart Av. NG10—4A 20
Hartcroft Rd. NG5—5B 4
Hartford Clo. NG2—6E 17
Hartington Av. NG4—4F 11
Hartington Rd. NG5—2G 9
Hart Lea. NG10—4B 20
Hartley Ct. NG7—1H 15
Hartley Dri. NG9—4E 23
Hartley Rd. NG7—2H 15
Hartness Rd. NG11—3B 28

Hartside Gdns. NG10—3A 26
Hart St. NG7—4H 15
Hartwell St. NG3—1D 16
Hartwood Dri. NG9—6C 12
Harvey Clo. NG6—1H 29
Harvey Ct. NG7—6G 15
Harvey Croft. NG9—4C 12
Harvey Rd. NG8—6G 7
Harwich Clo. NG6—3D 2
Harwill Cres. NG8—4A 8
Harwood Clo. NG5—3H 5
Haslam St. NG7—4C 16
Haslemere Rd. NG8—6C 8
Haslemere Rd. NG10—4B 26
Hassocks La. NG9—3E 23
Hassocks, The. NG9—3E 24
Hastings St. NG4—6E 11
Haswell Rd. NG6—6E 3
Hatfield Dri. NG2—6C 24
Hatfield Rd. NG3—4H 9
Hathern Clo. NG10—6C 26
Hathern Grn. NG9—1D 22
Hatley Clo. NG2—6B 16
Hatton Clo. NG5—1B 4
Haven Clo. NG2—4E 25
Havenwood Rise. NG11—4C 28
Haverhill Cres. NG5—2G 3
Haversham Clo. NG6—3C 8
Hawarden Ter. NG7—1A 16
Hawkhurst Dri. NG8—6A 14
Hawkridge Gdns. NG3—2E 17
Hawkridge St. NG3—2E 17 & 1F 30
Hawksley Gdns. NG11—2B 28
Hawksley Rd. NG7—1A 16
Hawkswood Clo. NG9—5G 21
Hawksworth Av. NG5—2H 9
Hawksworth Rd. NG2—6F 17
Hawksworth St. NG3—2F 17
Hawley Mt. NG5—2B 10
Haworth Ct. NG11—3B 28
Hawthorn Clo. NG2—6B 16
Hawthorn Clo. NG12—6H 25
Hawthorn Cres. NG5—3H 5
Hawthorne Av. NG9—4D 20
Hawthorne Av. NG10—5B 26
Hawthorne Gro. NG9—4E 23
Hawthorn View. NG2—6C 16
Hawthorn Wlk. NG3—6D 10
Hawton Cres. NG8—4F 15
Hawton Spinney. NG8—3F 15
Haydn Av. NG5—3G 9
Haydn Rd. NG5—4E 9
Hayles Clo. NG5—4A 4
Hayling Dri. NG8—4C 8
Haynes Av. NG9—3B 12
Haynes Clo. NG11—1E 29
Haywood Ct. NG2—3E 17
Haywood St. NG2—3E 17
Hayworth Rd. NG10—5A 20
Hazelbank Av. NG3—4B 10
Hazel Gro. NG3—2D 10
Hazel Hill Cres. NG5—4B 4
Hazelhurst Gdns. NG6—4E 3
Hazel St. NG6—4E 3
(in two parts)
Hazelwood Rd. NG7—6D 8
Healey Clo. NG2—5D 16
Heard Cres. NG9—2C 22
Heathcote St. NG1—3D 16 & 2E 30
Heather Clo. NG3—6A 10
Heather Croft. NG2—6C 24
Heatherington Gdns. NG5—3A 4
Heatherley Dri. NG6—2D 8
Heather Rise. NG9—6B 14
Heather Rd. NG4—4F 11
Heathervale. NG2—6C 24
Heathfield Gro. NG9—6A 22
Heathfield Rd. NG5—1E 9
Heath Gdns. NG10—4A 26
Heaton Clo. NG3—4B 10
Heckington Dri. NG8—2E 15
Hedderley Wlk. NG3—2D 16
Heddington Gdns. NG5—3D 4
Hedley St. NG7—5F 9
Hedley Vs. NG7—5F 9
Heighington Gro. NG6—1D 8
Helen Clo. NG9—4A 22
Helm Clo. NG6—4C 2
Helmsdale. NG5—2H 5
Helmsdale Gdns. NG5—3A 4
Helston Dri. NG8—4E & 4F 7
Helvellyn Clo. NG2—6C 16
Hemingway Clo. NG4—1B 18
Hemlock Av. NG9—2D 20
Hemlock Av. NG10—3D 26
Hemlock Gdns. NG6—5C 2

Hempshill La. NG6—6C 2 to 5E 3
(in two parts)
Hemsby Gdns. NG6—3E 3
(in two parts)
Hemscott Clo. NG6—4C 2
Hemswell Clo. NG3—2G 17
Hendon Rise. NG3—6B 10
Hendre Gdns. NG4—4A 4
Henley Clo. NG4—1E 19
Henley Gdns. NG9—1E 21
Henley Rise. NG5—3F 9
Henning Gdns. NG5—3B 4
Henrietta St. NG6—5F 3
Henry Ct. NG2—6C 16
Henry Rd. NG2—2E 25
Henry Rd. NG7—4H 15
Henry Rd. NG9—4D 22
Henry St. NG2—3E 17
Henry St. NG5—2E 5
Henson Sq. NG6—2G 21
Hensons Row. NG6—4C 8
Hepple Dri. NG6—4C 2
Herald Clo. NG9—3E 24
Herbert Rd. NG5—5F 9
Hereford Clo. NG4—3H 11
Hereford Rd. NG3—2H 17
Hereford Rd. NG5—6E 5
Hermitage Sq. NG2—4F 17
Hermitage Wlk. NG7—4B 16
Hermon St. NG7—3A 16
Heron Wharf. NG7—5A 16
Hervey Grn. NG11—2D 28
Heskey Clo. NG3—1D 16
Heskey Wlk. NG3—1D 16
Heslington Av. NG8—5C 8
Hethbeth Ct. NG2—6C 16
Hethersett Gdns. NG6—3E 3
Hetley Rd. NG9—2C 22
Hexham Av. DE7—4A 12
Hexham Clo. NG2—3H 25
Hexham Gdns. NG5—2A 4
Hickings La. NG9—2D 20
Hickling Rd. NG3—4C 10
Highbank Dri. NG11—4C 28
Highbury Av. NG6—1B 8
Highbury Rd. NG6—5F 3
Highbury Wlk. NG6—5F 3
High Church St. NG7—4E 9
Highclere Dri. NG4—5H 11
Highcliffe Rd. NG3—3G 17
Highcroft. NG5—1C 10
High Croft Clo. NG10—6D 26
Highcroft Dri. NG8—3G 13
Highcross Ct. NG7—2A 16
High Cross Leys. NG3—2D 16
High Cross St. NG1—3D 16 & 2E 30
Highfield Ct. NG4—4C 20
Highfield Rd. NG6—6D 10
Highfield Dri. NG16—1G 7
Highfield Gro. NG2—3F 25
Highfield Rd. NG2—3F 25
Highfield Rd. NG7—6G 5
Highfield Rd. NG9—6G 21
Highfield Rd. NG16—2F 7
Highfields Science Pk. NG7—1G 23
Highfield St. NG10—2C 26
Highgate Clo. NG4—3E 11
Highgrove Av. NG9—3C 20
Highgrove Gdns. NG12—6G 25
High Pavement. NG1—4D 16 & 3E 30
High Rd. NG9—3C 22
(Beeston)
High Rd. NG9—6A to 4B 22
(Chilwell)
High Rd. NG9—2F 27
(Toton)
High St. Arnold, NG5—4F 5
High St. Long Eaton, NG10—4D 26
High St. Nottingham, NG1
—3D 16 & 2D 30
High St. Ruddington, NG11—5H 29
High St. Stapleford, NG9—3D 20
High St. Av. NG5—4F 5
High St. Pl. NG1—3D 16 & 2D 30
Highurst St. NG7—2A 16
Highurst Rd. NG3—3A 16
High View Ct. NG3—5H 9
Highwood Av. NG8—6G 7
Highwray Gro. NG11—3C 28
Hilary Clo. NG8—5A 14
Hilcot Dri. NG8—4A 8
Hillbeck Cres. NG8—3H 13
Hill Clo. NG2—4H 25
Hill Crest Gro. NG5—2F 9
Hillcrest View. NG4—5D 10
Hillfield Gdns. NG5—2G 3
Hillfield Rd. NG9—1E 21
Hillgrove Gdns. NG5—3A 4

Hilliers Ct. NG5—3A 4
Hillingdon Av. NG16—2E 7
Hillington Rise. NG5—4C 4
Hill Rise. NG9—3C 12
Hill Rd. NG9—1G 27
Hillsford Clo. NG8—2D 14
Hill Side. NG7—5G 15
Hillside Av. NG3—2D 10
Hillside Cres. NG9—1B 22
Hillside Dri. NG10—4A 26
Hillside Gro. NG10—4A 20
Hillside Rd. NG9—1H 21
(Beeston)
Hillside Rd. NG9—6G 21
(Chilwell)
Hills Rd. NG5—2B 10
Hillview Av. NG3—3A 10
Hillview Rd. NG4—4C 10
Hillview Rd. NG9—2F 27
Hilton Ct. NG2—4H 25
Hilton Cres. NG2—4H 25
Hilton Rd. NG3—3C 10
Hinshelwood Ct. NG11—3B 28
Hinsley Clo. NG5—4H 5
Hirst Ct. NG7—2A 16
Hirst Cres. NG8—4C 14
Hoare Rd. NG9—1G 27
Hobart Clo. NG2—1C 24
Hobart Dri. NG9—6E 13
Hockerwood. NG11—6D 23
Hockley. NG1—3E 17 & 2F 30
Hodgkin Clo. NG11—3B 28
Hodgkinson St. NG4—1E 19
Hodson Ho. NG5—3H 9
Hoefield Cres. NG6—5D 2
Hoewood Rd. NG6—4D 2
Hogan Gdns. NG5—2B 4
Hogarth Clo. NG9—4D 20
Hogarth St. NG3—2F 17
Hoggetts Clo. NG9—4G 21
Hogg La. NG12—5H 19
Holbeck Rd. NG8—1F 15
Holborn Av. NG2—3F 17
Holborn Clo. NG16—2E 7
Holborn Pl. NG6—4E 3
Holbrook Ct. NG11—4D 28
Holby Clo. NG5—4A 4
Holcombe Clo. NG8—3A 8
Holdale Rd. NG3—1A 18
Holden Ct. NG7—2A 16
Holden Cres. NG16—5A 2
Holden Rd. NG9—3B 22
Holden St. NG7—2A 16
Holgate. NG11—1B 28
Holgate Rd. NG2—6D 16
Holkham Av. NG9—5H 21
Holkham Clo. NG5—5H 5
Holland St. NG7—1A 16
Holles Cres. NG7—4B 16 & 4A 30
Hollies Dri. NG12—6H 25
Hollington Rd. NG8—1D 14
Hollingworth Av. NG10—6A 20
Hollinwell Av. NG8—3E 15
Hollinwell Ct. NG12—6H 25
Hollis St. NG5—4F 9
Hollows, The. NG9—4F 27
Hollows, The. NG11—6B 24
Hollowstone. NG1—4E 17 & 3F 30
Holly Av. NG3—1G 17
Holly Av. NG4—6F 11
Holly Av. NG11—2C 24
Holly Ct. NG3—1G 17
Holly Ct. NG9—1H 21
Hollycroft. NG2—5G 25
Hollydale Rd. NG3—2H 17
Hollydene Cres. NG6—1A 8
Holly Gdns. NG3—1G 17
Holly La. NG9—5B 22
Holme Gro. NG2—6H 17
Holme La. NG12—5F 19
Holme Lodge. NG4—1C 18
Holme Rd. NG2—6G 17
Holme St. NG2—5F 17
Holmewood Cres. NG5—6B 4
Holmfield Rd. NG9—6H 21
Holroyd Av. NG2—4F 17
Holwood Ct. NG6—5D 2
Holyoake Dri. NG10—5E 27
Holyoake Rd. NG3—1E 11
Holyrood Ct. NG9—1H 21
Home Clo. NG5—4D 4
Home Croft, The. NG9—3G 21
Homefield Av. NG5—1H 5
Homefield Rd. NG8—6C 8
Homewell Wlk. NG11—1E 29
Honeysuckle Clo. NG8—5F 7
Honeywood Ct. NG3—6C 10
Honeywood Dri. NG3—6D 10

Honingham Clo. NG5—6G 5
Honister Clo. NG11—4C 28
Honiton Clo. NG9—2F 27
Honiton Rd. NG8—4F 7
Hood Cotts. NG5—3H 9
Hood St. NG5—3H 9
Hooley Clo. NG6—6B 26
Hooley Pl. NG5—3H 9
Hoopers Wlk. NG2—6C 16
Hooton Rd. NG4—6E 11
Hooton St. NG3—2F 17
Hope Clo. NG2—6B 16
Hopedale Clo. NG7—3H 15
Hope Dri. NG7—4C 16 & 4B 30
Hope St. NG9—3B 22
Horace Av. NG9—3C 20
Hornbeam Clo. DE7—1A 12
Hornbeam Gdns. NG4—4C 2
Hornchurch Rd. NG8—6E 7
Hornsby Wlk. NG5—3G 3
Horsendale Av. NG16—2F 7
Horsham Dri. NG5—4A 4
Horwich Clo. NG5—4H 3
Hoten Rd. NG2—4G 17
Hotspur Clo. NG6—1D 8
Houghton Clo. NG16—1F 7
Houldsworth Rise. NG5—2F 5
Hound Rd. NG2—1F 25
Hounds Ga. NG1—4C 16 & 3C 30
(in two parts)
Houseman Gdns. NG2—6D 16
(in two parts)
Houston Clo. NG5—2H 3
Hovenden Gdns. NG7—6D 8
Hove Rd. NG5—6H 3
Howard Clo. NG10—3D 26
Howard St. NG1—2D 16 & 1E 30
Howbeck Rd. NG5—2H & 3H 5
Howden Rd. NG6—1F 3
Howell Jones Rd. NG9—1H 27
Howick Dri. NG6—4C 2
Howitt St. NG10—4E 27
Hoylake Cres. NG8—1A 14
Hoylake Wlk. NG5—3A & 3B 4
Hoyland Av. NG7—5H 15
Hubert Ct. NG7—1A 16
Hubert St. NG7—1A 16
Hucknall Cres. NG4—3G 11
Hucknall La. NG6—3F 3
Hucknall Rd. NG6 & NG5—2G 3 to 5G 9
Hudson St. NG3—1F 17
Huggett Gdns. NG5—3B 4
Humber Clo. NG2—6D 16
Humber Lodge. NG9—3D 22
Humber Rd. NG9—3D 22
Humber Rd. NG10—3C 26
Humber Rd. S. NG9—3E 23
Humberston Rd. NG8—5H 13
Hungerhill Rd. NG3—6H 9
Hunger Hill Yd. DE7—1A 12
Hungerton St. NG7—5H 15
Hunston Clo. NG8—6H 7
Hunters Clo. NG11—3B 24
Huntingdon Dri. NG7—4B 16 & 3A 30
Huntingdon St. NG1—1C 16 to 3D 16 &
1D 30
Huntingdon Wlk. NG10—5A 20
Huntingdon Way. NG9—2E 27
Huntly Clo. NG11—3E 29
Hurcomb St. NG3—6B 10
Hurts Croft. NG9—5A 22
Hurt's Rd. NG1—3C 16 & 2C 30
Huss's La. NG10—5E 27
Hutchinson Grn. NG3—2D 16
Hutton Clo. NG9—6A 14
Hutton St. NG2—4G 17
Huxley Clo. NG8—6E 7
Hyde Clo. NG11—6A 24
Hyson St. NG7—1A 16

Ian Gro. NG4—6H 11
Ilkeston Rd. NG7—3G 15 to 3B 16
Ilkeston Rd. NG9—6D 12
(Stapleford)
Ilkeston Rd. NG9—2B 12
(Trowell)
Ilkeston Rd. NG10—1B 20
Imperial Av. NG4—4G 11
Imperial Av. NG9—4B 22
Imperial Rd. NG6—5G 3
Imperial Rd. NG9—4B 22
Inchwood Clo. NG9—2F 27
Incinerator Rd. NG2—5E 17
Independent St. NG7—2A 16
Ingham Gro. NG7—5G 15
Ingham Rd. NG10—2C 26
Ingleborough Gdns. NG10—3A 26
Ingleby Clo. NG8—4G 13

Inglefield Rd. DE7—2A 12
Inglewood Rd. NG11—3C 28
Ingram Rd. NG6—6F 3
Ingram Ter. NG6—6F 3
Inham Cir. NG9—4H 21
Inham Clo. NG9—5F 21
Inham Rd. NG9—5G 21
Innes Clo. NG4—1A 18
Instow Rise. NG3—2E 17
Iona Dri. NG9—5C 12
Iona Gdns. NG5—2A 4
Ipswich Cir. NG3—2G 17
Ireland Av. NG9—5D 22
Ireland Clo. NG9—5D 22
Iremonger Rd. NG2—5E 17
Irene Ter. NG7—4D 8
Ireton St. NG7—2B 16
Ireton St. NG9—4B 22
Irwin Dri. NG6—6C 2
Isaacs La. NG9—3D 20
Isabella St. NG1—4C 16 & 4C 30
Isandula Rd. NG7—4D 8
Island St. NG2—4E 17 & 4F 30
Islay Clo. NG5—2F 5
Islay Clo. NG9—5C 9
Ives Clo. NG2—6D 24
Ivy Gro. NG4—6F 11
Ivy Gro. NG7—5F 9

Jacklin Gdns. NG5—2A 4
Jackson Av. NG10—4A 20
James St. NG5—3F 5
Jardines, The. NG9—1H 21
Jarrow Gdns. NG5—1A 4
Jarvis Av. NG3—2H 17
Jasmine Clo. NG8—5F 7
Jasmine Gro. NG6—6A 14
Jasmine Clo. NG11—3B 28
Jasmine Rd. NG5—3D 8
Jasper Clo. NG12—5H 19
Jayne Av. NG4—3H 11
Jayne Clo. NG8—2B 14
Jedburgh Clo. NG3—2E 17
Jedburgh Wlk. NG3—2E 17
Jeness Av. NG5—2G 3
Jenned Rd. NG5—1G 5
Jenner St. NG5—5G 9
Jennison St. NG6—4F 3
Jermyn Dri. NG5—2B 4
Jersey Gdns. NG3—2F 17
Jesmond Rd. NG6—6G 3
Jessamine Ct. NG9—4D 22
Jessops La. NG4—2H 11
John Carroll Ct. NG3—1F 17
John Quinn Ct. NG7—4E 9
Johnson Rd. NG7—4H 15
John St. NG7—5D 8
Joyce Av. NG5—1H 9
Joyce Av. NG9—1E 27
Joyce Clo. NG5—1H 9
Jubilee Rd. NG5—5E 5
Jubilee St. NG2—4G 17
Julian Clo. DE7—1A 12
Julian Rd. NG2—1H 25
Junction Rd. NG10—6F 27
Juniper Clo. NG11—3A 28

Karen Rise. NG5—2H 5
Katherine Dri. NG9—6E 21
Kayes Wlk. NG1—4D 16 & 3E 30
Keats Clo. NG5—4D 4
Keats Clo. NG10—6B 26
Kedleston Clo. NG9—5H 21
Kelfield Clo. NG6—6H 3
Kelham Grn. NG3—1F 17
Kelham M. NG3—6D 10
Kelling Clo. NG5—5B 4
Kelly Wlk. NG11—3B 24
Kelso Gdns. NG2—6C 16
Kelstern Clo. NG8—3A 8
Kelvedon Gdns. NG3—2E 17
Kelvin Clo. NG9—5C 20
Kelvin Rd. NG3—6C 10
Kemmel Rd. NG6—6F 3
Kempsey Clo. NG5—3H 3
Kempson St. NG11—5H 29
Kempton Dri. NG5—2G 5
Kendal Ct. NG2—2H 25
Kendal Dri. NG9—1A 22
Kendale Ct. NG3—5C 10
Kendal Rd. NG10—2B 26
Kendleston Wlk. NG5—3A 4
Kendrew St. NG11—3B 28
Kenia Clo. NG4—5F 11
Kenilworth Ct. NG5—3A 8
Kenilworth Rd. NG7—4B 16

Kenilworth Rd. NG9—2D 22
Kenmore Gdns. NG3—2E 17
Kennedy Clo. NG5—4E 5
Kennedy Dri. NG9—1D 20
Kenneth Rd. NG5—1F 5
Kennington Rd. NG8—2G 15
Kenrick Rd. NG3—4C 10
Kenrick St. NG4—1E 19
Kensal Ct. NG2—1E 25
Kensington Clo. NG9—2F 27
Kensington Gdns. DE7—1A 12
Kensington Gdns. NG4—1C 18
Kensington Rd. NG10—6A 20
Kenslow Av. NG6—0D 8
Kent Av. NG9—5C 22
Kenton Av. NG16—2E 7
Kenton Ct. NG2—6D 16
Kent Rd. NG3—3C 10
Kent Rd. NG9—3D 20
Kent St. NG1—3D 16 & 1E 30
Kentwood Rd. NG2—3G 17
Kenyon Rd. NG7—6E 9
Kersall Ct. NG6—6G 3
Kersall Dri. NG6—6G 3
Kestrel Clo. NG4—4D 10
Keswick Clo. NG1A 22
Keswick Ct. NG2—3E 17
Keswick St. NG10—2A 26
Keswick St. NG2—3E 17
Keverne Clo. NG8—3A 8
Kevin Rd. NG8—5A 14
Kew Clo. NG2—6C 24
Keys Clo. NG6—4D 2
Key St. NG3—2F 17
Keyworth Rd. NG4—2F 11
Kibworth Clo. NG5—1E 9
Kiddier Av. NG5—1F 5
Kilbourne Rd. NG5—2H 5
Kilbourn St. NG3—1C 16
Kilby Av. NG3—1G 17
Kilby Ho. NG10—5D 26
Kildare Rd. NG3—5B 10
Kildonan Clo. NG8—3E 7
Killerton Grn. NG11—5D 28
Killerton Pk. Dri. NG2—5C 24
Killisick Ct. NG5—4H 5
Killisick La. NG5—1H 5
Killisick Rd. NG5—3H 5
Kilnbrook Av. NG5—2H 5
Kilnwood Clo. NG3—1H 17
Kilsby Rd. NG11—2E 29
Kilverton Clo. NG8—4F 15
Kilvington Rd. NG5—4H 5
Kimber Clo. NG8—2A 14
Kimberley Clo. NG16—1B 6
Kimberley-Eastwood By-Pass. NG16 &
　　　　　　　　NG8—1C 6 to 2H 7
Kimberley Rd. NG6—6A 2
Kimberley St. NG2—4G 17
Kimbolton Av. NG7—3A 16
King Charles St. NG1—4C 16 & 3B 30
King Edward Ct. NG1—1D 30
King Edward St. NG1—3E 16 & 1E 30
King Edward St. NG10—4B 20
Kingfisher Clo. NG9—4D 22
Kingfisher Ct. NG1 6C 8
Kingfisher Wharf. NG7—5A 16
King John's Chambers. NG1
　　　　　　　　　—3D 16 & 3D 30
Kinglake Pl. NG2—5C 16
Kingrove Av. NG9—4A 22
Kings Av. NG4—3H 11
Kingsbridge Way. NG9—3H 21
Kingsbury Dri. NG8—6H 7
Kingsdale Rd. NG10—6A 26
Kingsdown Mt. NG8—6B 14
Kingsford Av. NG7—1G 15
Kingsley Dri. NG4—1E 19
Kingsley Rd. NG2—4G 17
Kingsmead Av. NG9—5C 12
King's Meadow Rd. NG2—6B 16
Kingsmoor Clo. NG5—5H 3
King's Pl. NG1—3E 16 & 3E 30
Kings Rd. NG10—3A 20
Kingsthorpe Clo. NG3—5B 10
Kingston Av. DE7—4A 12
Kingston Ct. NG2—3E 17
Kingston Rd. NG2—4F 25
King St. NG1—3C 16 & 2D 30
King St. NG9—3D 22
King St. NG10—4C 26
King's Wlk. NG1—3C 16 & 2D 30
Kingsway. DE7—2A 12
Kingswell Rd. NG5—5F 5
Kingswood Clo. NG2—4E 25
Kingswood Rd. NG2—4E 25
Kingswood Rd. NG8—3E 15
Kinlet Rd. NG5—5B 4

Kinross Cres. NG8—1D 14
Kinsale Wlk. NG11—1C 28
Kipling Clo. NG8—1B 28
Kippis St. NG1—3D 16 & 2E 30
Kirkbride Ct. NG9—5G 21
Kirkby Gdns. NG2—6D 16
Kirk Clo. NG9—6A 22
Kirk Cotts. NG6—1D 8
Kirkdale Clo. NG8—4H 13
Kirkdale Gdns. NG10—6A 26
Kirkdale Rd. NG3—2A 18
Kirkdale Rd. NG10—3E 29
Kirkewhite Ct. NG2—5D 16
Kirkewhite St. W. NG2—6C 16
Kirkewhite Wlk. NG2—5D 16
Kirkham Dri. NG9—2E 27
Kirk La. NG11—5H 29
Kirkley Gdns. NG5—3G 5
Kirk Rd. NG3—3C 10
Kirkstead Gdns. NG7—6D 8
Kirkstead St. NG7—6E 9
Kirkstone Ct. NG10—2B 26
Kirkwhite Av. NG10—5D 26
Kirtle Clo. NG8—6A 8
Kirtley Dri. NG7—5B 16
Kirton Av. NG10—5D 26
Kneeton Clo. NG4—2F 11
Kneeton Clo. NG5—2G 9
Kneeton Vale. NG5—2G 9
Knighton Av. NG7—1G 15
Knighton Rd. NG5—1A 10
Knightsbridge Ct. NG5—3H 9
Knightsbridge Dri. NG2—5C 24
Knight's Clo. NG2—6D 24
Knights Clo. NG5—3A 4
Knight St. NG4—1D 18
Knole Rd. NG8—3B 14
Knowle Hill. NG16—1B 6
Knowle La. NG16—1B 6
Knowle Pk. NG16—1B 6
Knowles Wlk. NG5—4D 4
Krebs Clo. NG11—3B 28
Kyle View. NG5—3B 4
Kyme St. NG7—2A 16
Kynance Gdns. NG11—5B 24

Laburnum Gdns. NG6—6H 3
Laburnum Gro. NG9—5E 23
Laburnum St. NG3—6H 9
Lace Rd. NG9—3C 22
Lace St. NG7—6G 15
Ladbrooke Cres. NG6—2B 8
Ladybay Av. NG2—6F 17
Lady Bay Bri. NG2—5F 17
Lady Bay Ct. NG2—6G 17
Lady Bay Rd. NG2—1G 25
Ladysmith St. NG2—6A 18
Ladysmock Gdns. NG2—6E 17
Lakehead Ho. NG11—3D 28
Lake St. NG7—1A 16
Lamartine St. NG3—2E 17 & 1F 30
Lambert Cotts. NG1—2B 16
Lamberts Gdns. NG8—5B 8
Lambert St. NG7—6D 8
Lambeth Ct. NG9—3E 24
Lambeth Rd. NG5—1B 4
Lamble Clo. NG8—2F 15
Lambley Almshouses. NG3—6H 9
Lambley Av. NG3—2D 10
Lambley La. NG4—3H 11
Lambley St. NG6—5E 3
Lambourne Dri. NG8—2C 14
Lambourne Gdns. NG5—6H 5
Lamcote Gdns. NG12—5H 19
Lamcote Gro. NG2—6E 17
Lamcote M. NG12—5H 19
Lamcote St. NG2—6E 17
Lammas Gdns. NG2—5D 16
Lamorna Gro. NG11—4D 24
Lanark Clo. NG8—5F 15
Lancaster Av. NG9—3D 20
Lancaster Av. NG10—5A 20
Lancaster Ct. NG3—1H 17
Lancaster Rd. NG3—1H 17
Lancaster Way. NG8—4E 7
Lancelyn Gdns. NG2—6E 25
Landcroft Cres. NG5—6B 4
Landmere Gdns. NG3—5C 10
Landmere La. NG11
　　　　　　　—6C 24 & 2H 29
Landsdown Gro. NG10—3E 27
Landseer Clo. NG7—2H 15
Laneham Av. NG5—5H 5
Laneside Av. NG9—2E 27
Langar Clo. NG5—1H 9
Langbank Av. NG5—2H 3
Langdale Dri. NG10—6A 26

Langdale Rd. NG3—2H 17
Langdon Clo. NG10—3A 26
Langdown Clo. NG6—3D 2
Langford Rd. NG5—4H 5
Langham Av. NG3—1H 17
Langley Av. NG5—5F 5
Langstrath Rd. NG11—2C 28
Langtry Gro. NG7—4E 9
Lansdown Clo. NG9—5G 21
Lansdowne Dri. NG2—6E 25
Lansdowne Rd. NG6—2D 8
Lansing Clo. NG11—3E 29
Lanthwaite Clo. NG11—3D 28
　(in two parts)
Lanthwaite Rd. NG11—2D 28
Larch Clo. NG5—3C 4
Larch Cres. NG9—3B 22
Larchdene Av. NG8—5A 14
Larch Gdns. NG6—4D 2
Largs Clo. NG5—2H 3
Lark Clo. NG9—5G 21
Larkdale St. NG7—2A 16
Larkspur Av. NG5—2E 5
Larwood Gro. NG5—1G 9
Lascelles Av. NG4—3F 11
Latham St. NG6—4E 3
Lathkill Clo. NG6—5E 3
Lathkilldale Cres. NG10—6A 26
Latimer Clo. NG6—5F 3
Latimer Dri. NG9—5G 13
Laughton Av. NG2—6D 24
Launceston Cres. NG11—5B 24
Launders St. NG2—6C 16
Laurel Cres. NG10—5B 26
Laurel Rd. NG4—6F 11
Laurie Av. NG7—6E 9
Laurie Clo. NG7—6E 9
Lauriston Dri. NG6—1B 8
Lavender Clo. NG8—4F 7
Lavender Cres. NG4—4F 11
Lavender Gro. NG9—5E 23
Lavender Wlk. NG3—1D 16
Laver Clo. NG5—4H 5
Laverton Wlk. NG5—4G 5
Lawdon Rd. NG5—2G 5
Lawley Av. NG9—1D 22
Lawrence Av. NG9—4C 20
Lawrence St. NG10—4D 26
　(Long Eaton)
Lawrence St. NG10—3B 20
　(Sandiacre)
Lawrence Way. NG7—5B 16
Lawson Av. NG10—5D 26
Lawson St. NG7—1A 16
Lawton Dri. NG6—2F 3
Laxton Av. NG6—4C 2
Leabrook Clo. NG11—1B 28
Leacroft Rd. NG8—6C 8
Leafield Grn. NG11—2C 28
Leahurst Gdns. NG2—4H 25
Leahurst Rd. NG2—5H 25
Leahy Gdns. NG5—5A 4
Leamington Dri. NG9—6H 21
Lechlade Rd. NG5—5B 4
Ledbury Vale. NG8—5A 8
Leen Ga. NG7—5G 15
Leen Pl. NG7—2G 15
Leen View Ct. NG6—5D 2
Lees Barn Rd. NG12—6H 19
Lees Hill Footpath. NG2—2F 17
Lees Hill St. NG2—2F 17
Lees Rd. NG3—4C 10
Leicester Ho. NG9—1F 21
Leicester St. NG10—5D 26
Leigh Clo. NG2—4C 24
Leigh Rd. NG9—1E 27
Leighton St. NG3—2F 17
Leiston Gdns. NG5—3B 4
Leivers Av. NG5—3G 5
Lema Clo. NG6—4G 3
Lendal Ct. NG2—2A 16
Lendal Sq. NG7—2A 16
Lennox St. NG1—3D 16 & 2F 30
Lenton Av. NG4—4A 16
Lenton Boulevd. NG7—3H 15
Lenton Ct. NG7—4A 16
Lenton Hall Dri. NG7—6E 15
Lenton La. NG7—6H 15 to 4A 24
Lenton Manor. NG7—4H 15
Lenton Rd. NG7—4B 16 & 4B 30
Lenton St. NG10—3B 20
Leonard Av. NG5—3G 9
Leonard St. NG6—1A 8
Leopold St. NG10—4D 26
Le Page Ct. NG8—6H 7
Lerwick Clo. NG11—3E 29
Leslie Av. NG7—5F 9
Leslie Av. NG9—4C 22

Leslie Rd. NG7—5F 9
Letchworth Cres. NG9—6H 21
Letcombe Rd. NG11—1D 28
Leverton Ct. NG2—4G 25
Leverton Grn. NG11—2D 28
Levesley Rd. NG9—3H 27
Levick Ct. NG2—6C 16
Lewindon Ct. NG5—2B 10
Lewis Clo. NG3—1D 16
Lexington Gdns. NG5—1H 9
Leybourne Dri. NG5—6H 3
Leyland Clo. NG9—2E 27
Leys Ct. NG11—6H 29
Leys Rd. NG11—6H 29
Leys, The. NG11—2B 28
Ley St. NG4—1E 19
Leyton Cres. NG9—5E 23
Lichfield Clo. NG10—1D 26
Lichfield Clo. NG10—5F 27
Lichfield Rd. NG2—3G 17
Liddell Gro. NG8—3C 14
Liddington St. NG7—4E 9
Lilac Av. NG4—6E 11
Lilac Clo. NG8—4F 7
Lilac Ct. NG11—2B 28
Lilac Cres. NG9—4E 23
Lilac Gro. NG9—5D 22
Lilacs, The. NG9—3C 22
Lilian Hind Ct. NG6—4C 2
Lilleker Rise. NG5—2F 5
Lillie Ter. NG2—4F 17
Lillington Rd. NG6—5E 3
Lily Av. NG4—1E 19
Lily Gro. NG9—5E 23
Limefield Clo. NG2—6G 17
Lime Av. NG9—4C 20
Lime Gro. NG10—4C 26
　(Long Eaton)
Lime Gro. NG10—4A 20
　(Sandiacre)
Lime Gro. Av. NG9—5B 22
Lime St. NG6—4E 3
Lime Ter. NG10—4C 26
Lime Tree Av. NG8—3A 8
　(Broxtowe)
Lime Tree Av. NG8—5E 15
　(Wollaton)
Limmen Gdns. NG3—2E 17
Limpenny St. NG7—2A 16
Linby Clo. NG4—3G 11
Linby Clo. NG5—1H 9
Linby St. NG6—4F 3
Lincoln Av. NG10—5A 20
Lincoln Cir. NG7—4A 16
Lincoln Clo. NG9—1D 20
Lincoln Ct. NG8—1B 14
Lincoln St. NG1—3D 16 & 2D 30
Lincoln St. NG6—2C 8
Lindbridge Rd. NG8—3G 7
Linden Av. NG11—2B 28
Linden Ct. NG9—4D 22
Linden Gro. NG9—4D 22
　(Beeston)
Linden Gro. NG9—4D 20
　(Stapleford)
Linden Gro. NG10—3A 20
Linden St. NG3—6H 9
Lindfield Clo. NG8—3H 7
Lindfield Rd. NG8—3G 7
Lindisfarne Gdns. NG5—2A 4
　(in two parts)
Lindley Ter. NG7—1H 15
Lindum Gro. NG2—4F 17
Lindum Rd. NG6—3C 8
Linford Ct. NG9—4G 13
Ling Cres. NG11—4H 29
Lingfield Ct. NG8—4A 14
Linkin Rd. NG9—4H 21
Linkmel Clo. NG2—6A 16
Linksfield Ct. NG2—1H 29
Linnell St. NG3—2F 17
Linsdale Gro. NG8—3G 13
Linsdale Gdns. NG4—2F 11
Linton Rise. NG3—1G 17
Lion Clo. NG8—3B 8
Lismore Clo. NG7—3H 15
Lister Ga. NG1—4D 16 & 3D 30
Listergate Sq. NG1—4D 30
Listowel Cres. NG11—4D 28
Litchfield Rise. NG5—2F 5
Littlegreen Rd. NG5—1B 10
Lit. Hallam La. DE7—2A 12
Lit. Hayes. NG2—5C 24
Lit. John Wlk. NG3—1D 16
Little La. NG16—1B 6
Lit. Ox. NG4—4D 18
Lit. Tennis St. NG2—5G 17
Lit. Tennis St. S. NG2—5G 17

Littlewood Gdns. NG8—2H 13
Litton Clo. NG5—1B 10
Liverpool St. NG3—3E 17
Llanberis Gro. NG8—3B 8
Lloyd St. NG5—3H 9
Loach Ct. NG8—3F 15
Lobelia Clo. NG3—6A 10
Lockerbie St. NG4—1D 18
Lock Clo. NG9—6D 22
Lock La. NG10—5B 20
Locksley La. NG11—6H 23
Lockwood Clo. NG5—2B 4
Lockwood Clo. NG9—6E 23
Lodge Clo. NG5—2E 5
Lodge Clo. NG8—5C 8
Lodge Farm La. NG5—2F 5
Lodge Rd. NG10—6C 26
Lodge Wood Clo. NG6—5D 2
Logan Sq. NG9—1C 8
Logan St. NG6—5F 3
Lois Av. NG7—5H 15
Lombard Clo. NG7—4H 15
Lombardy Lodge. NG9—2F 27
London Rd. NG2—4E 17 & 4F 30
Longacre. NG5—1C 10
Longbeck Av. NG3—4C 10
Longclose Ct. NG6—6D 2 & 6E 3
Longdale Rd. NG5—6D 4
Longden Clo. NG9—6F 13
Longden St. NG3—3E 17
Longfellow Clo. NG5—3C 4
Longfield La. DE7—3A 12
Longford Cres. NG6—1F 3
Longlands Clo. NG9—6E 23
Longlands Rd. NG9—6E 23
Long La. NG6—8B 22
Long La. NG15—1A 2
Longleat Cres. NG9—5H 21
Longmead Clo. NG5—5C 4
Longmead Dri. NG5—5C 4
Longmoor Gdns. NG10—2A 26
Longmoor La. DE7—2A 26
Longmoor La. NG10—6B 20
Longmoor Rd. NG10—2A 26
Longore Sq. NG8—4F 15
Longridge Rd. NG5—1B 10
Long Row. NG1—3C 16 & 2C 30
Long Row E. NG1—3D 16 & 2D 30
Long Row W. NG1—3C 16 & 2C 30
Long Stairs. NG1—4F 30
Longthorpe Ct. NG5—4G 5
Longwall Av. NG2—6A 16
Longwood Ct. NG5—3A 4
Lonsdale Dri. NG9—1D 26
Lord Nelson St. NG2—4F 17
Lorimer Av. NG4—3H 11
Lorna Ct. NG3—5A 10
Lorne Clo. NG3—1D 16
Lorne Wlk. NG3—1D 16
Loscoe Gdns. NG5—4G 9
Loscoe Mt. Rd. NG5—4G 9
Loscoe Rd. NG5—4G 9
Lothmore Ct. NG2—6C 16
Lotus Clo. NG3—6A 10
Loughborough Av. NG2—3F 17
Loughborough Rd. NG2 & NG11
—3E 25 to 6H 29
Loughrigg Clo. NG2—6C 16
Louis Av. NG9—3B 22
Lovell Clo. NG6—1G 7
Lowater St. NG4—6D 10
Lowcroft. NG5—1B 10
Lowdham Rd. NG4—3F 11
Lowdham St. NG3—3E 17
Lwr. Brook St. NG10—5D 26
Lwr. Canaan. NG11—4H 29
Lower Ct. NG9—2D 22
Lwr. Eldon St. NG2—4E 17
Lwr. Orchard St. NG9—2D 20
Lwr. Park St. NG9—3C 20
Lwr. Parliament St. NG1—3D 16 & 2D 30
Lwr. Regent St. NG9—3D 22
Lower Rd. NG9—2D 22
Low Pavement. NG1—4D 16 & 3D 30
Low's La. DE7—5A to 6B 12
Low Wood Rd. NG16 & NG6
—1F 7 to 4C 2
Lucerne Clo. NG11—3B 24
Lucknow Av. NG3—5H 9
Lucknow Ct. NG3—5H 9
Lucknow Dri. NG3—5H 9
Lucknow Rd. NG3—5H 9
Ludford Rd. NG6—3F 3
Ludgate Clo. NG5—1B 4
Ludham Av. NG6—3E 3
Ludlow Av. NG2—3G 25
Ludlow Clo. NG9—6A 14

Ludlow Hill Rd. NG2—4G 25
Lulworth Clo. NG2—5C 24
Lune Clo. NG9—6B 22
Lupin Clo. NG3—6H 9
Luther Clo. NG3—1F 17
Luton Clo. NG8—4B 8
Lutterell Way. NG2—5H 25
Lybster M. NG2—6C 16
Lydney Pk. NG2—4C 24
Lyme Pk. NG2—5C 24
Lymington Gdns. NG3—1G 17
Lymn Av. NG4—4H 11
Lyndale Rd. NG9—1F 21
Lynden Av. NG10—6C 26
Lyndhurst Gdns. NG2—6D 24
Lyndhurst Rd. NG2—3G 17
Lynham Ct. NG6—4E 3
Lynmouth Cres. NG7—1G 15
Lynton Gdns. NG3—5H 5
Lynton Rd. NG9—4H 21
Lyons Clo. NG11—4G 29
Lytham Gdns. NG5—2A 4
Lythe Clo. NG11—5B 24
Lytton Clo. NG3—2E 17

Mabel Gro. NG2—1G 25
Mabel St. NG2—5D 16
McIntosh Rd. NG4—2F 11
Mackinley Av. NG9—1D 20
Maclaren Gdns. NG11—6H 29
Maclean Rd. NG4—1A 18
Macmillan Clo. NG3—3B 10
Madryn Wlk. NG5—4A 4
Mafeking St. NG2—4G 17
Magdala Rd. NG3—5G 9
Magnolia Clo. NG8—5F 7
Magnolia Ct. NG9—1A 22
Magnus Ct. NG9—4D 22
Magnus Rd. NG5—2H 9
Magson Clo. NG3—2F 17
Maiden La. NG1—3D 16 & 3F 30
Maidens Dale. NG5—3D 4
Maid Marian Way. NG1—3C 16 & 2B 30
Maidstone Dri. NG8—5A 14
Main Rd. NG4—5H 11
Main Rd. NG9—4F 23
Main Rd. NG11—3B 24
Main Rd. NG12—5H 19
Main St. NG6—4E & 5E 3
Main St. NG8—4C 6
Main St. NG10—5E 27
Maitland Av. NG5—1B 10
Maitland Rd. NG5—2B 10
Major St. NG1—2C 16
Malbon Clo. NG3—5B 10
Malcolm Clo. NG3—6G 9
Maldon Clo. NG9—6H 21
Malin Hill. NG1—4D 16 & 3E 30
Mallard Clo. NG6—1D 8
Mallard Ct. NG9—4D 22
Mallard Rd. NG4—1G 19
Malling Wlk. NG3—5A 10
Malmesbury Rd. NG3—1C 10
Maltby Clo. NG8—4A 8
Maltby Rd. NG3—1D 10
Malt Cotts. NG7—4E 9
Malting Clo. NG11—5G 29
Maltings, The. NG3—1G 17
Maltmill La. NG1—4D 16 & 4E 30
Malton Rd. NG5—4E 9
Malvern Clo. NG3—4A 10
Malvern Ct. NG9—4D 22
Malvern Cres. NG2—5F 25
Malvern Gdns. NG10—3A 26
Malvern Rd. NG2—5F 25
Malvern Rd. NG3—4A 10
Manchester St. NG10—6C 26
Mandalay St. NG6—1C 8
Manesty Cres. NG11—5D 28
Manifold Gdns. NG2—6D 16
Manly Clo. NG5—3H 3
Manners St. DE7—2A 12
Manning St. NG3—6H 9
Mann St. NG7—5D 8
Manor Av. NG2—4F 17
Manor Av. NG9—4C 22
(Beeston)
Manor Av. NG9—2D 20
(Stapleford)
Manor Clo. NG10—6H 25
Manor Ct. NG9—2H 21
Manor Cres. NG4—6H 11
Manor Farm La. NG11—2C 28
Manor Grn. Wlk. NG4—6H 11
Manor Ho. Rd. NG10—5E 27
Manor Pk. NG11—5G 29
Manor Rd. NG4—6H 11

Manor St. NG2—4F 17
Mansfield Clo. NG5—6G 9
Mansfield Gro. NG1—2C 16
Mansfield Rd. NG5 & NG1—6G 9 to 1F 5
& 1D 30
Mansfield St. NG5—3H 9
Manston Rd. NG4—4E 11
Manthorpe Cres. NG5—2B 10
Manton Cres. NG9—1C 22
Manvers Ct. NG3—3E 17
Manvers Rd. NG2—3F 25
Manvers St. NG3—3E 17
Manvers St. NG4—1E 19
Manville Clo. NG8—2F 15
Manville Clo. NG5—5G 13
Maple Av. NG9—4E 23
Maple Av. NG10—2B 20
Maplebeck Rd. NG5—4H 5
Mapledene Cres. NG8—5H 13
Maple Dri. NG16—6A 2
Maples St. NG7—1A 16
Maplestead Av. NG11—3B 24
Maple Way. NG2—5E 25
Mapperley Cres. NG3—4A 10
Mapperley Hall Dri. NG3—4H 9
Mapperley Orchard. NG5—4H 5
Mapperley Pk. Dri. NG3—5G 9
Mapperley Plains. NG3—6H 5
Mapperley Rise. NG3—3A 10
Mapperley Rd. NG3—6G 9
Mapperley St. NG5—3H 9
March Clo. NG5—5H 3
Marchwood Clo. NG8—2F 15
Marcus St. NG7—5A 16
Margaret Av. NG10—3E 27
(Long Eaton)
Margaret Av. NG10—5B 20
(Sandiacre)
Margaret Cres. NG4—3G 11
Margarets Ct. NG9—4G 21
Mar Hill Rd. NG4—6H 11
Maria Ct. NG7—5A 16
Marina Av. NG9—5C 22
Mariner Ct. NG6—5D 2
Marion Murdock Ct. NG4—3G 11
Maris Clo. NG11—2B 28
Market Pl. NG6—5E 3
Market Pl. NG10—4D 26
Market St. NG1—3C 16 & 2C 30
Markham Cres. NG5—1H 9
Markham Rd. NG9—6A 14
Mark St. NG10—5B 20
Marlborough Ct. NG2—3F 25
Marlborough Ct. NG9—2C 22
Marlborough Rd. NG5—1A 10
Marlborough Rd. NG7—6G 15
Marlborough Rd. NG9—2C 22
Marlborough Rd. NG10—3E 27
Marldon Clo. NG8—2H 13
Marlow Av. NG6—3C 8
Marmion Rd. NG3—1G 17
Marnham Dri. NG3—4A 10
Marple Sq. NG3—1D 16
Marriott Av. NG9—4F 21
Marriott Clo. NG9—4G 21
Marsant Clo. NG8—2F 15
Marshall Dri. NG9—1F 21
Marshall Hill Dri. NG3—4D 10
Marshall Rd. NG3—4D 10
Marshall St. NG5—3H 9
Marston Rd. NG3—1H 17
Martell Ct. NG9—1H 27
Martin Clo. NG6—3C 2
Martin Ct. NG6—3C 2
Martinmass Clo. NG7—5G 15
Martins Hill. NG4—6G 11
Marton Rd. NG6—2F 3
Marton Rd. NG9—6H 21
Marvin Rd. NG9—3C 22
Marwood Cres. NG4—4E 11
Marwood Rd. NG4—4E 11
Mary Ct. NG3—5A 10
Maryland Gro. NG9—6E 13
Masonic Pl. NG1—3C 16 & 1C 30
Massey Gdns. NG3—1F 17
Matlock Ct. NG2—1C 16
Matlock St. NG4—1D 18
Matthews Ct. NG9—6E 13
Mattingly Rd. NG6—6D 2
Maud St. NG7—4E 9
Maun Av. NG7—1G 15
Maun Gdns. NG7—1G 15
Maurice Dri. NG3—3A 10
Maxstoke Rd. NG4—4A 16
Maxwell Clo. NG7—4A 16
Maxwell St. NG10—5D 26
May Av. NG8—3B 14
May Cotts. NG6—1D 8

Maycroft Gdns. NG3—6C 10
Mayfair Gdns. NG5—1E 9
Mayfield Ct. NG2—6D 16
Mayfield Dri. NG9—6E 13
Mayfield Gro. NG10—3E 27
Mayfield Rd. NG4—6D 10
Mayflower Clo. NG3—2G 25
Mayland Clo. NG8—1H 13
Mayo Rd. NG5—5F 9
Maypole. NG11—6H 23
Maypole Yd. NG1—3D 16 & 2D 30
May's Av. NG4—2B 18
May's Clo. NG4—2B 18
May Ter. NG5—4G 9
Maythorn Clo. NG11—1G 29
Maythorne Wlk. NG5—4D 4
Meadow Clo. NG2—6E 17
Meadow Cotts. NG4—1D 18
Meadow Ct. NG2—5F 17
(off Brand St.)
Meadow Ct. NG2—6E 17
(off Meadow Clo.)
Meadow Gdns. NG9—5B 22
Meadow Gro. NG2—5F 17
Meadow La. NG2—6E 17
Meadow La. NG8—5B 22
Meadow La. NG10—5E & 6F 27
Meadow Rise. NG6—5C 2
Meadow Rd. NG4—1D 18
Meadow Rd. NG9—5D 22
Meadows Way. NG2—6B 16
Meadowvale Cres. NG11—3C 28
Medawar Ct. NG11—3B 28
Medbank Ct. NG11—5B 24
Meden Clo. NG11—6H 23
Meden Gdns. NG7—1G 15
Medway St. NG8—3G 15
Meeks Rd. NG5—4H 5
Meer Rd. NG9—4G 21
Melbourne Ct. NG8—4B 8
Melbourne Rd. NG2—1G 25
Melbourne Rd. NG8—5A 8
Melbourne Rd. NG9—6D 12
Melbury Rd. NG5—1C 10
Melbury Rd. NG8—5E 7
Meldreth Rd. NG8—1B 14
Melford Hall Dri. NG2—5C 24
Melford Rd. NG8—5E 7
Melksham Rd. NG5—3C 4
Mellers Ct. NG3—1G 17
Mellon Ter. NG7—2B 16
Mellors Rd. NG2—4F 25
Mellors Rd. NG5—2F 5
Melrose Av. NG5—3G 9
Melrose Av. NG9—4D 22
Melrose Gdns. NG2—6E 25
Melrose St. NG5—3H 9
Melton Ct. NG10—4A 20
Melton Gdns. NG12—6H 25
Melton Gro. NG2—2E 25
Melton Rd. NG2 & NG12—2E to 6H 25
Melville Ct. NG3—6H 9
Melville Gdns. NG3—2E 17
Melville St. NG1—4D 16 & 4D 30
Mendip Clo. NG10—3A 26
Merchant St. NG6—4E 3
(in two parts)
Mercury Clo. NG6—1D 8
Meredith Clo. NG2—6C 16
Meredith Ct. NG9—6E 13
Meregill Clo. NG5—3A 4
Merevale Av. NG11—6A 24
Meriac Clo. NG5—3A 4
Meriden Av. NG9—2D 22
Merlin Clo. NG11—1C 28
Merrivale Ct. NG3—5H 9
Mersey St. NG6—4D 2 & 4E 3
Merton Clo. NG5—2H 5
Merton Ct. NG9—6D 12
Mettham St. NG7—4H 15
Mevell Ct. NG7—4B 16
Meynall Gro. NG7—5F 9
Meynell Rd. NG10—6D 26
Miall Ct. NG7—3H 15
Miall St. NG7—3H 15
Michael Gdns. NG5—4G 9
Mickleborough Av. NG3—5C 10
Mickleborough Way. NG2—6C 24
Mickledon Clo. NG10—3A 26
Mickledown Clo. NG2—6C 16
Middle Av. NG4—5E 11
Middlebeck Dri. NG5—3H 5
Middledale Rd. NG4—1B 18
Middlefell Way. NG11—3C 28
Middle Furlong Gdns. NG2—6C 16
Middle Furlong M. NG2—6C 16
Middle Hill. NG1—4D 16 & 3D 30

Middle La. NG9—4B 22
Middle Pavement. NG1—4D 16 & 3D 30
Middle St. NG9—4C to 3D 22
Middleton Boulevd. NG8—3F 15
Middleton Clo. NG16—5A 2
Middleton Cres. NG9—1B 22
Middleton Rd. DE7—2A 12
Middleton St. NG7—3H 15
Middleton St. NG9—3C 22
Midhurst Clo. NG9—5H 21
Midhurst Way. NG10—2D 28
Midlame Gdns. NG6—4C 2
Midland Av. NG4—1E 19
Midland Av. NG7—5H 15
Midland Av. NG9—4C 20
Midland Cotts. NG2—3F 25
Midland Cres. NG4—1D 18
Midland Rd. NG4—1D 18
Midland St. NG10—3D 26
Midland Ter. NG10—3D 26
Midway, The. NG7—2H 23
Mildenhall Cres. NG5—3C 4
Mile End Rd. NG4—3C 18
Milford Av. NG10—1B 26
Milford Clo. NG6—4D 2
Milford Ct. NG5—5D 4
Milford Dri. NG3—1A 18
Millbank Ct. NG6—6D 2
Millbeck Av. NG8—4A 14
Mill Cres. NG5—4E 5
Milldale Clo. NG11—1B 28
Milldale Rd. NG10—6A 26
Millerhill Clo. NG5—4H 3
Millers Ct. NG7—2G 15
Millicent Gro. NG2—2F 25
Millicent Rd. NG2—1E 25
Mill La. NG5—3E 5
Mill La. NG10—4B 20
Mill Rd. NG9—2C 20
Mill St. NG6—2C 8
Mill View Clo. NG2—4F 17
Milner Rd. NG5—6G 9
Milner Rd. NG10—4D 26
Milton Ct. NG5—4H 5
 (Arnold)
Milton Ct. NG5—3G 9
 (Sherwood)
Milton St. NG1—2D 16 & 3D 16 & 1D 30
Milton St. NG10—5D 26
Milton Ter. NG10—5D 26
Milverton Rd. NG5—3D 4
Mimosa Clo. NG11—3B 28
Minerva St. NG6—3E & 4E 3
Minster Ct. NG5—6G 9
Minver Cres. NG4—4H 7
Mirberry M. NG7—5H 15
Miriam Ct. NG2—3F 25
Mission St. NG3—3A 10
Mitchell Clo. NG6—5C 2
Mitchells Ter. DE7—3A 12
Mitchell St. NG10—5D 26
Moffat Clo. NG3—1F 17
Moira Ho. NG5—4F 5
Mollington Sq. NG6—1A 8
Mona Rd. NG2—1G 25
Mona St. NG9—4D 22
Monksway. NG11—6B 24
Monkton Dri. NG8—1B 14
Monmouth Clo. NG9—4G 13
Monroe Wlk. NG5—5B 4
Monsaldale Clo. NG10—6B 26
Monsall St. NG7—4E 9
Monsell Dri. NG5—3E 5
Montague St. NG6—4F 3
Montague St. NG9—3B 22
Montfort Cres. NG5—1H 9
Montfort St. NG7—3A 16
Montgomery St. NG7—2B 16
Montpelier Rd. NG7—1G 23
Montrose Ct. NG9—6E 13
Moorbridge Cotts. NG6—1G 3
Moorbridge La. NG9—6C 12
Moore Clo. NG2—1H 25
Moore Ga. NG9—4C 22
Moore Rd. NG3—4C 10
Moores Av. NG10—3B 20
Moor Farm Inn La. NG9—5F 13
Moorfield Clo. NG9—1E 21
Moorfield Cres. NG10—5A 20
Moorgate St. NG7—2A 16
Moorhouse Rd. NG8—1B 14
Moorings, The. NG7—5A 16
Moorland Av. NG9—4D 20
Moor La. NG9—5G 13
Moor La. NG11—6H 29
Moor Rd. NG8—4E 7
Moorsholm Dri. NG8—3A 14
Moor St. NG4—1D 18

42 Nottingham

Moor, The. NG9—3G 13
Morden Clo. NG8—6E 7
Moreland Clo. NG5—2F 17
Moreland Ct. NG4—6E 11
Moreland St. NG2—5F 17
Morello Av. NG4—6H 11
Moreton Rd. NG11—4D 28
Morgan M. NG11—2C 28
Morley Av. NG3—3A 10
Morley Ct. NG2—3E 17
Morley Gdns. NG5—4G 9
Morley Rd. NG3—5C 10
Morley St. NG5—5E 5
Mornington Clo. NG10—3B 20
Mornington Cres. NG16—2E 7
 (in two parts)
Morrell Bank. NG5—5A 4
Morris Rd. NG8—5E 7
Morris St. NG4—1E 19
Morval Rd. NG8—1B 14
Mosley St. NG7—5D 8
Moss Clo. NG5—3C 4
Moss Dri. NG9—2G 21
Moss Rise. NG5—4B 4
Moss Side. NG11—6B 24
Mosswood Cres. NG5—4C 4
Mottram Rd. NG9—4A 22
Mountbatten Gro. NG4—3G 11
Mountfield Av. NG10—5A 20
Mountfield Dri. NG5—5B 4
Mt. Hooton. NG1—1B 16
Mt. Hooton Rd. NG7—1A 16
Mt. Pleasant. NG4—6G 11
Mt. Pleasant. NG6—4C 8
Mount Pleasant. NG12—5H 19
Mt. Sorrel Dri. NG2—3H 25
Mount St. NG1—3C 16 & 3B 30
 (in two parts)
Mount St. NG7—4E 9
Mount St. NG9—2D 20
Mount St. Arc. NG1—3B 30
Mount, The. NG3—3E & 4E 11
Mount, The. NG5—3E 5
Mount, The. NG5—5F 7
Mount, The. NG9—3D 20
Mowbray Ct. NG3—2E 17
Mowbray Gdns. NG2—5G 25
Mowbray Rise. NG5—3G 5
Moyra M. NG5—3G 5
Mozart Clo. NG7—2H 15
Mudpie La. NG2—1H 25
Muirfield Rd. NG5—2A 4
Mulberry Clo. NG2—4C 24
Mulberry Gdns. NG6—3D 2
Mundella Rd. NG2—6D 16
Munford Cir. NG8—3H 7
Murby Cres. NG6—4E 3
Murden Way. NG9—4E 23
Muriel Rd. NG9—2C 22
Muriel St. NG6—4E 3
Muskham St. NG2—6D 16
Musters Ct. NG2—4F 25
Musters Cres. NG2—4F 25
Musters Croft. NG4—4D 18
Musters Rd. NG2—1F 25
Musters Rd. NG11—6G 29
Musters Wlk. NG6—4D 2
Muston Clo. NG3—4C 10
Myrtle Av. NG7—5F 9
Myrtle Av. NG9—4D 20
Myrtle Av. NG10—6C 26
Myrtle Gro. NG9—3D 22
Myrtle Rd. NG4—6E 11
Myrtus Clo. NG11—2B 28

Naburn Ct. NG8—5C 8
Nairn Clo. NG5—2H 5
Nairn M. NG4—6G 11
Nansen St. NG6—5F 3
Nanson Gdns. NG5—5A 4
Naomi Ct. NG6—2F 3
Naomi Cres. NG6—2F 3
Naseby Clo. NG5—1E 9
Nathaniel Rd. NG10—5E 27
Navenby Wlk. NG11—2D 28
Naworth Clo. NG6—6G 3
Neale St. NG10—5D 26
Nearsby Dri. NG2—4H 25
Needham Rd. NG5—3G 5
Needwood Av. NG9—6D 12
Neighwood Clo. NG9—2E 27
Nell Gwyn Cres. NG5—3C 4
Nelper Cres. DE7—2A 12
Nelson Rd. NG5—4E 5
Nelson Rd. NG6—5F 3

Nelson Rd. NG9—5D 22
Nelson St. NG1—3E 17 & 2F 30
Nelson St. NG10—5D 26
Neston Dri. NG6—1A 8
Nether Clo. NG3—2H 17
Netherfield Rd. NG10—5A 20
Nethergate. NG11—2B 28
 (in two parts)
Nether St. NG9—4D 22
Nettlecliff Wlk. NG5—4H 3
Neville Sadler Ct. NG9—3D 22
Newark Av. NG2—4F 17
Newark Cres. NG2—4F 17
Newark St. NG2—4E 17
Newbery Av. NG10—6F 27
Newbury Clo. NG3—1D 10
Newbury Ct. NG5—5F 9
Newbury Dri. NG16—2E 7
Newcastle Av. NG4—4G 11
Newcastle Av. NG9—4C 22
Newcastle Chambers. NG1
 —3C 16 & 3C 30
Newcastle Cir. NG7—4B 16
Newcastle Ct. NG4—4A 16
Newcastle Dri. NG7—3B 16 & 2A 30
Newcastle St. NG1—3D 16 & 2D 30
Newcastle St. NG6—4F 3
Newcastle Ter. NG7—3B 16 & 2A 30
Newcombe Dri. NG5—5H 5
Newdigate St. DE7—2A 12
Newdigate St. NG7—2B 16
Newdigate Vs. NG7—2A 16
New Eaton Rd. NG9—4D 20
New Farm La. NG6—5A 2
Newfield Rd. NG5—2E 9
Newgate Clo. NG4—1C 18
Newgate Ct. NG7—4H 15
Newhall Gro. NG7—2H 15
Newholm Dri. NG11—5B 24
Newland Clo. NG8—2F 15
Newland Clo. NG9—2G 27
Newlands Dri. NG4—4H 11
Newlyn Dri. NG8—5B 8
Newlyn Gdns. NG8—5B 8
Newmarket Rd. NG6—5E 3
Newmarket Way. NG9—2E 27
Newport Dri. NG8—4C 8
Newquay Av. NG7—1G 15
New Rd. NG2—2G 15
New Rd. NG9—6C 12
Newstead Av. NG3—3E 11
Newstead Dri. NG2—3H 25
Newstead Gro. NG1—1C 16
Newstead Rd. NG10—1B 26
Newstead St. NG5—3H 9
New St. NG5—2E 5
 (Redhill)
New St. NG5—5G 9
 (Sherwood Rise)
New St. NG10—4D 26
New Ter. NG10—3B 20
Newthorpe St. NG2—5D 16
Newton Clo. NG5—6H 5
Newtondale Clo. NG8—5C 8
Newton Dri. NG2—6D 24
Newton Dri. NG9—4D 20
Newton Rd. NG4—2G 11
Newton St. NG7—1H 23
Newton St. NG9—4C 22
New Tythe St. NG10—4E 27
New Vale Rd. NG4—2C 18
Nicholas Rd. NG9—1A 22
Nidderdale. NG8—4H 13
Nidderdale Clo. NG8—4H 13
Nightingale Clo. NG16—6A 2
Nile St. NG1—3D 16 & 2F 30
Nine Acre Gdns. NG6—4C 2
Nobel Rd. NG11—3B 28
Noel St. NG7—5E 9
Nook, The. NG8—4B 14
Nook, The. NG9—2D 22
 (Beeston)
Nook, The. NG9—5B 22
 (Chilwell)
Norbett Clo. NG9—6H 21
Norbett Rd. NG5—3G 5
Norbreck Clo. NG8—3A 8
Norburn Cres. NG6—2D 8
Nordean Rd. NG5—1C 10
Norfolk Av. NG9—2G 27
Norfolk Pk. NG5—6H 5
Norfolk Pl. NG1—3C 16 & 2C 30
Norfolk Rd. NG10—3E 27
Norfolk Wlk. NG10—5A 20
Norland Clo. NG3—1E 17
Normanby Rd. NG8—5H 13
Norman Clo. NG3—1D 16
Norman Clo. NG9—4H 21

Norman Rd. NG3—5C 10
Norman St. NG4—1E 19
Northall Av. NG6—6E 3
Northampton St. NG3—1E 17
North Av. NG10—4A 20
N. Church St. NG1—2C 16 & 1C 30
N. Circus St. NG1—3C 16 & 2B 30
Northcliffe Av. NG3—3D 10
Northcote St. NG10—4D 26
Northcote Way. NG6—6F 3
Northdale Rd. NG3—1A 18
Northdown Dri. NG9—6H 21
Northdown Rd. NG8—1F 15
North Dri. NG9—4B 22
Northern Ct. NG6—1C 8
Northern Dri. NG9—5D 12
Northfield Cres. NG9—6F 21
Northfield Rd. NG9—6F 21
North Ga. NG7—5D 8
Northolme Av. NG6—5F 3
North Rd. NG2—3E 25
North Rd. NG7—3A 16
North Rd. NG10—6C 26
North Rd. NG11—4F 29
N. Sherwood St. NG1—1C 16 & 1C 30
Northside Wlk. NG5—1G 5
North St. NG2—3E 17
North St. NG3—3B 22
North St. NG16—1B 6
Northumberland Clo. NG3—2D 16
Northville Ct. NG3—1D 16
Northwold Av. NG2—3E 25
Northwood Cres. NG5—5D 4
Northwood Rd. NG5—5D 4
Northwood St. NG9—2D 20
Norton St. NG7—1H 15 & 2A 16
Norwich Gdns. NG6—2E 3
Norwood Rd. NG7—2H 15
Notintone Pl. NG2—3F 17
Notintone St. NG2—4F 17
Nottingham Rd. DE7—1A 12
Nottingham Rd. NG5—5E 5
Nottingham Rd. NG6 & NG7
 —3D 8 to 4F 9
Nottingham Rd. NG9—3D 20
 (Stapleford)
Nottingham Rd. NG9—3C 12
 (Trowell)
Nottingham Rd. NG10 & NG9
 —4D 26 to 2H 27
Nottingham Rd. NG11—6A 28
Nottingham Rd. NG12—6H 19
Nottingham Rd. NG15—1F 3
Nottingham Rd. NG16 & NG8
 —6A 2 to 2H 7
Nuart Rd. NG9—3C 22
Nugent Gdns. NG3—1E 17
Nursery Av. NG9—4H 21
Nursery Dri. NG4—5F 11
Nursery La. NG6—1D 8
Nursery Rd. NG5—4G 5
Nuthall Gdns. NG8—5C 8
Nuthall Rd. NG8—2A to 6C 8

Oak Acres. NG9—4F 21
Oak Av. NG10—3A 20
Oakdale Dri. NG9—6H 21
Oakdale Rd. NG3 & NG4—2H 17
Oakdale Rd. NG5—3H 5
Oakfield Clo. NG8—5H 13
Oakfield Dri. NG10—1A 26
Oakfield Rd. NG8—5A 14
Oakfield Rd. NG9—2C 20
Oakfields Rd. NG2—1G 25
Oak Flatt. NG9—4F 21
Oakford Clo. NG8—3H 7
Oakham Clo. NG5—4A 4
Oakham Rd. NG11—1H 29
Oakington Clo. NG5—6B 4
Oakington Wlk. NG5—6C 4
Oakland Av. NG10—6C 26
Oakland Ct. NG9—1F 21
Oakland St. NG7—6D 8
Oakland Ter. NG10—6C 26
Oakleigh Av. NG3—3E 11
Oakleigh St. NG6—1C 8
Oakley M. NG6—6C 2
Oakley's Rd. NG10—5D 26
Oakley's Rd. W. NG10—5D 26
Oakmead Av. NG5—5G 7
Oaks, The. NG3—2E 17
Oak St. NG5—5G 9
Oak Tree Dri. NG4—3H 11
Oakwood Dri. NG8—6B 8
Oakwood Gdns. NG16—2E 7
Oban Rd. NG9—4A 22

Occupation Rd. NG6—1A 8
Ockerby St. NG6—5F 3
Ogdon Ct. NG3—1F 17
Ogle Dri. NG7—4B 16 & 4B 30
Old Bank St. NG6—4C 8
Old Brickyard. NG3—6D 10
Oldbury Clo. NG11—4B 28
Old Church St. NG7—6H 15
Old Coach Rd. NG8—2C & 3D 14
Old Dri. NG9—2A 22
Old Farm Rd. NG5—3A 4
Old Hall Dri. NG3—4H 9
Oldham Ct. NG9—6A 22
Oldknow St. NG7—1H 15
Old Lenton St. NG1—3D 16 & 2E 30
Old Mill Clo. NG6—1G 3
Old Mill Clo. NG7—2A 16
Old Mill Clo. NG9—2F 27
Old Oak Rd. NG11—2E 29
Old Rd. NG2—6E 25
Old Rd. NG11—3H 29
Old St. NG1—2D 16 & 1D 30
Olga Rd. NG3—2G 17
Olive Av. NG10—3D 26
Oliver Clo. NG7—2B 16
Oliver St. NG7—2B 16
Olton Av. NG9—1C 22
Onchan Av. NG4—1C 18
Onchan Dri. NG4—1C 18
Onsdale Rd. NG7—2H 15
Orange Gdns. NG2—6D 16
Orby Clo. NG3—2F 17
Orby Wlk. NG3—2F 17
Orchard Av. NG4—6G 11
Orchard Clo. NG11—2B 28
Orchard Clo. NG12—5H 19
Orchard Ct. NG4—6G 11
  (Carlton)
Orchard Ct. NG4—3F 11
  (Gedling)
Orchard Ct. NG8—5D 8
Orchard Cres. NG9—4H 21
Orchard Gro. NG5—5C 4
Orchard Pk. Ind. Est. NG10—3B 20
Orchards, The. NG4—4H 11
Orchard St. NG9—2D 20
Orchard St. NG10—5D 26
  (in two parts)
Orchard Way. NG10—1A 26
Orchid Clo. NG2—6C 24
Ordnance Ct. NG4—6F 11
Orford Av. NG11—6H 23
Orion Clo. NG8—1B 14
Orion Dri. NG8—1B 14
Orlando Dri. NG4—5H 11
Ormonde Ter. NG5—3G 9
Oronsay Clo. NG3—2H 3
Orpean Way. NG9—2E 27
Orston Av. NG5—5G 5
Orston Dri. NG8—3F 15
Orston Grn. NG8—4G 15
Orston Rd. E. NG2—6F 17
Orston Rd. W. NG2—6F 17
Orton Av. NG9—3H 21
Ortzen Ct. NG7—2A 16
Orville St. NG7—2A 16
Osborne Av. NG5—3G 9
Osborne Clo. NG10—6A 20
Osborne Gro. NG5—3G 9
Osborne St. NG7—1H 15
Osgood Rd. NG5—6H 5
Osier Rd. NG2—6C 16
Osman Clo. NG2—6C 16
Osmaston St. NG7—5H 15
Osmaston St. NG10—5B 20
Osprey Clo. NG11—3B 28
Ossington Clo. NG1—2C 16
Ossington St. NG7—2A 16
Osterley Gro. NG16—3E 7
Oswestry Clo. NG5—5H 3
Oulton Clo. NG5—6G 5
Oulton Lodge. NG5—2G 3
Oundle Dri. DE7—1A 12
Oundle Dri. NG8—5F 15
Ousebridge Cres. NG4—5H 11
Ouse Bri. Dri. NG4—5H 11
Overdale Clo. NG10—6A 26
Overdale Rd. NG6—3B 8
Overstrand Rd. NG5—5G 5
Owen Av. NG10—6F 27
Owthorpe Gro. NG5—3G 9
Oxborough Rd. NG5—4D 4
Oxbow Clo. NG2—6C 16
Oxclose La. NG5—5C 4
Oxengate. NG5—5C 4
Oxford Rd. NG2—3G 25
Oxford St. NG1—3B 16 & 3A 30
Oxford St. NG4—5G 11

Oxford St. NG10—4D 26
Oxton Av. NG5—2H 9
Ozier Holt. NG4—3C 18

Packman Dri. NG11—4H 29
Paddock Clo. NG12—5H 19
Paddocks, The. NG10—5A 20
Paddocks View. NG10—4A 26
Padge Rd. NG9—3E 23
Padgham Ct. NG3—3B 4
Padley Ct. NG6—5D 2
Padstow Rd. NG5—5H 3
Paget Cres. NG11—4H 29
Paignton Clo. NG8—3A 8
Palatine St. NG7—4C 16
Palin Ct. NG7—1A 16
Palin St. NG7—1A 16
Palm Cotts. NG5—3H 9
Palm Ct. NG7—5E 9
Palmer Cres. NG4—1B 18
Palmer Dri. NG9—5C 20
Palmerston Gdns. NG3—2D 16
  (in two parts)
Palm St. NG7—5E 9
Park Av. NG2—2F 25
Park Av. NG3—6H 9
Park Av. NG4—6H 11
Park Av. NG5—6E 5
Park Av. NG16—1B 6
Park Clo. NG3—3B 10
Park Cres. NG8—3H 13
Parkcroft Rd. NG2—4G 25
Parkdale Rd. NG3 & NG4—2H 17
Park Dri. NG7—4B 16
Park Dri. NG10—1A 26
Parker Clo. NG4—4H 5
Park Hill. NG7—3B 16
Park Ho. Gates. NG3—5A 10
Parkland Clo. NG11—1B 28
Park La. NG6—2C 8
Park Ravine. NG7—4B 16
Park Rd. NG4—6H 11
Park Rd. NG5—6E 5
Park Rd. NG7—5A 16
Park Rd. NG9—4B 22
  (Beeston)
Park Rd. NG9—1F 21
  (Bramcote)
Park Rd. N. NG9—3B 22
Park Row. NG1—3C 16 & 3B 30
Parkside. NG8—4H 13
Parkside Av. NG10—4A 26
Parkside Gdns. NG8—5B 14
Parkside Gdns. S. NG8—5B 14
Parkside Rise. NG8—5B 14
Parkstone Clo. NG2—5C 24
Park St. NG7—4A 16
Park St. NG9—3B 22
  (Beeston)
Park St. NG9—3C 20
  (Stapleford)
Park St. NG10—3C 26
Park Ter. NG1—3B 16 & 2A 30
Park Valley. NG7—4B 16 & 3A 30
Park View. NG3—3B 10
Parkview Rd. NG5—4A 4
Parkway Ct. NG8—2A 14
Parkwood Ct. NG6—6H 3
Parkwood Cres. NG5—3A 10
Parkyn Rd. NG5—5E 5
Parkyns St. NG11—5H 29
Parliament Ter. NG1—3C 16 & 2B 30
Parr Ga. NG9—5F 21
Parry Way. NG5—3H 5
Parsons Meadow. NG4—4C 18
Pasture Clo. NG2—3C 18
Pasture La. NG10—6F 27
Pasture La. NG11—6E 29
Pasture Rd. NG9—1D 20
Pastures vs. NG11—4C 28
Patley Rd. NG3—1C 10
Paton Rd. NG5—6H 3
Patricia Dri. NG5—2G 5
Patrick Rd. NG2—2E 25
Patterdale Ct. NG9—5G 21
Patterdale Rd. NG5—6F 5
Patterson Rd. NG7—1A 16
Pavilion Clo. NG2—1D 24
Pavilion Rd. NG2—1E 25
Pavilion Rd. NG5—2B 4
Paxton Gdns. NG3—2E 17
  (in two parts)
Payne Rd. NG9—1G 27
Peache Way. NG9—3H 21
Peachey St. NG1—2C 16 & 1C 30
Peacock Clo. NG11—5F 29

Peacock Cres. NG11—1C 28
Peakdale Clo. NG10—6A 26
Pearce Dri. NG8—1E 15
Pearmain Dri. NG3—6C 10
Pearson Av. NG9—4G 21
Pearson Clo. NG9—4G 21
Pearson Ct. NG8—2H 21
Pearson St. NG4—1E 19
Pearson St. NG7—1H 15
Pear Tree Ct. NG6—1D 8
Pear Tree Orchard. NG11—5H 29
Peary Clo. NG5—5A 4
Peas Hill Rd. NG3—1D 16 & 1E 17
Peatfield Clo. NG11—1D 20
Peatfield Rd. NG9—1D 20
Peck La. NG1—3D 16 & 3D 30
Pedestrian Way. NG5—3H 3
Pedmore Valley. NG5—4B 4
Peel St. NG1—2C 16
Peel St. NG10—4E 27
Peel Vs. NG3—4A 10
Pelham Av. NG5—5G 9
Pelham Cres. NG7—3A 16
Pelham Cres. NG9—3D 22
Pelham Rd. NG5—5F 9
Pelham St. NG1—3D 16 & 2D 30
Pemberton St. NG1—4E 17 & 4F 30
Pembrey Clo. NG9—5C 12
Pembridge Clo. NG6—3C 8
Pembroke Dri. NG3—5H 9
Pembury Rd. NG8—3B 14
Penarth Gdns. NG5—3B 10
Penarth Rise. NG5—3B 10
Pendine Clo. NG5—3E 5
Pendle Cres. NG3—4B 10
Penhurst Clo. NG11—5A 24
Penllech Clo. NG5—4A 4
Penllech Wlk. NG5—4A 4
Pennant Rd. NG6—4C 8
Pennard Wlk. NG11—4B 28
Penn Av. NG7—5H 15
  (in two parts)
Pennhome Av. NG5—3H 9
Pennine Clo. NG5—2B 4
Pennine Clo. NG10—3A 26
Pennyfoot St. NG1—4E 17 & 3F 30
Penrhyn Clo. NG3—2D 16
Penrhyn Cres. NG9—6G 21
Penrith Cres. NG8—4B 8
Penshore Clo. NG11—3C 28
Pentland Dri. NG5—1C 4
Pentland Gdns. NG10—3A 26
Pentwood Av. NG5—2F 5
Peoples Hall Cotts. NG1—2E 30
Peppercorn Gdns. NG8—2F 15
Pepper St. NG1—3D 16 & 3D 30
Percival Rd. NG5—3G 9
Percy St. NG6—3C 8
Perlethorpe Av. NG4—2F 17
Perlethorpe Av. NG4—4G 11
Perlethorpe Clo. NG4—3G 11
Perlethorpe Cres. NG4—3G 11
Perlethorpe Dri. NG4—3G 11
Perry Gdns. NG5—2G 9
Perry Rd. NG5—3E 9
Perth Dri. NG9—1E 21
Perth St. NG1—2D 16 & 1D 30
Peters Clo. NG5—6H 5
Petersfield Clo. NG5—4H 3
Petersgate. NG10—2A 26
Petersgate Clo. NG10—2A 26
Petersham M. NG7—5A 16
Petersham Rd. NG10—2A 26
Petworth Av. NG9—6E 21
Petworth Dri. NG5—2E 9
Peveril Ct. NG2—3F 25
Peveril Cres. NG10—6A 26
Peveril Dri. NG2—6F 25
Peveril Dri. NG7—4B 16 & 4B 30
Peveril Rd. NG9—2E 22
Peveril St. NG7—1A 16
Philip Gro. NG4—4G 11
Phoenix Av. NG4—4G 11
Phoenix Clo. NG2—6B 16
Phoenix Ct. NG7—1A 24
Phyllis Gro. NG10—5E 27
Piccadilly. NG6—6F 3
Pieris Dri. NG11—3B 28
Pierrepont Av. NG4—4G 11
Pierrepont Rd. NG2—1G 25
Pilcher Ga. NG1—3D 16 & 3E 30
Pilkington Rd. NG3—4C 10
Pilkington St. NG6—4E 3
Pimlico Av. NG9—5H 13
Pinder St. NG1—4E 17 & 4F 30
Pine Hill Clo. NG5—3A 4
Pinewood Av. NG5—3H 5
Pinewood Gdns. NG11—4C 28

Pinfold La. NG9—2D 20
Pingle Cres. NG5—3A 4
Pingle, The. NG10—3C 26
Pintail Clo. NG4—2F 19
Pippin Clo. NG3—6B 10
Pitcairn Clo. NG2—6C 16
Plains Gro. NG3—2C 10
Plains Rd. NG3—2C 10
Plane Clo. NG6—4C 2
Plantagenet Ct. NG3—2E 17
Plantagenet St. NG3—2E 17
Plantation Clo. NG5—2B 4
Plantation Rd. NG8—3H 13
Plantation Side. NG7—6C 8
Plantations, The. NG10—4A 26
Player St. NG7—1H 15
Pleasant Ct. NG7—1H 15
Pleasant Row. NG7—6D 8
Plough La. NG1—4E 17
Plowman Av. NG4—4C 20
Plowright Ct. NG3—6H 9
Plowright St. NG3—6H 9
Plumptre Almshouse. NG1—4F 30
Plumptre Pl. NG3—3D 16 & 3E 30
Plumptre Sq. NG1—4E 17 & 3F 30
Plumptre St. NG1—4D 16 & 3E 30
Plungar Clo. NG8—1E 15
Pointers Clo. NG3—1G 17
Point, The. NG3—5H 9
Pond Hills La. NG5—3F 5
Pool Meadow. NG4—4D 18
Popham Ct. NG1—4E 30
Popham St. NG1—4D 16 & 4E 30
Poplar Av. NG5—4F 9
Poplar Av. NG10—3A 20
Poplars Rd. NG7—6A 16
Poplars, The. NG2—2F 25
Poplars, The. NG9—3C 22
Poplar St. NG1—4E 17 & 3F 30
  (in two parts)
Porchester Rd. NG3—3B 10
Porlock Clo. NG10—3A 26
Portage Clo. NG12—5H 19
Port Arthur Rd. NG2—3G 17
Porter Clo. NG11—3B 28
Portland Ct. NG5—6C 4
Portland Cres. NG9—3D 20
Portland Rd. NG2—3F 25
Portland Rd. NG4—4E 11
Portland Rd. NG7—2B 16
Portland Rd. NG9—2E 27
Portland St. NG5—5E 5
Portland St. NG9—3D 22
Portree Dri. NG5—2H 3
Postern St. NG1—4C 16 & 3B 30
Potomac M. NG7—4B 16
Potters Ct. NG9—6A 14
Poulter Clo. NG7—1G 15
Poulton Dri. NG2—5F 17
Poultry. NG1—3D 16 & 3D 30
Poultry Arc. NG1—3D 30
Powers Rd. NG3—6B 10
Powis St. NG6—4E 3
Powtrell Clo. DE7—1A 12
Poynton St. NG1—3C 16 & 2B 30
Premier Rd. NG6—6F 9
Prendwick Gdns. NG5—4B 4
Prestwick Clo. NG8—3E 7
Prestwood Dri. NG8—6A 8
Pretoria Vs. NG8—3B 8
Previn Gdns. NG3—1G 17
Primrose Clo. NG3—1E 17
Primrose Cres. NG4—6H 11
Primrose St. NG4—6H 11
Primula Clo. NG11—2B 28
Prince Edward Cres. NG12—5H 19
Princess Av. NG9—3D 22
Princess Clo. NG4—3G 11
Princess Dri. NG10—6B 20
Princess St. NG10—4C 26
Prince St. NG10—3C 26
Prior Rd. NG5—5D 4
Priory Ct. NG3—4A 10
Priory Ct. NG4—4H 11
Priory Cres. NG4—4H 11
Priory M. NG7—6H 15
Priory Rd. NG2—2G 25
Priory Rd. NG4—5H 11
Priory Rd. NG7—6H 15
Private Rd. NG5 & NG3—4H 9
Prize Clo. NG11—3B 28
Promenade. NG3—2E 17 & 1F 30
Prospect Pl. NG7—4A 16
Prospect Rd. NG4—5D 10
Prospect St. NG7—1H 15
Prospect Ter. NG7—1H 15
Prudhoe Ct. NG2—6D 16
Pulborough Clo. NG5—2E 9

Pullman Rd. NG2—4F 17
Pumping Sta. Cotts. NG2—4G 17
Purbeck Clo. NG10—4A 26
Purbeck Dri. NG2—5C 24
Pyatt St. NG2—1D 24
Pym St. NG3—2F 17
Pym Wlk. NG3—2E 17

Quantock Clo. NG5—1B 4
Quantock Rd. NG10—2A 26
Quarry Av. NG6—6E 3
Quarry Hill. DE7—1A 20
Quayside Clo. NG2—6E 17
Queen Elizabeth Rd. NG9—6F 21
Queens Av. DE7—2A 12
Queen's Av. NG4—3G 11
Queensberry St. NG6—2D 8
Queen's Bower Rd. NG5—3C 4
Queens Bri. Rd. NG2—5D 16
Queensbury Av. NG2—6D 24
Queen's Dri. NG2—2B 24 to 5C 16
Queens Dri. NG3—3D 22
Queens Dri. NG10—6B 20
Queens Rd. NG2—5D 16
Queen's Rd. NG9—4D 22
Queen's Rd. E. NG2—2E 23
Queen's Rd. W. NG9—6A 22
Queen St. NG1—3C 16 & 2C 30
Queen St. NG5—2G 5
Queen St. NG10—5D 26
Queen's Wlk. NG2—6C 16
(in two parts)
Queen's Wlk. Vs. NG2—5C 16
Querneby Av. NG3—3B 10
Querneby Rd. NG3—4A 10
Quinton Clo. NG11—5A 24
Quorn Clo. NG9—6B 22
Quorndon Cres. NG10—6C 26
Quorn Gro. NG5—3E 9
Quorn Rd. NG5—3E 9

Racecourse Rd. NG2—4H 17
Radbourne Rd. NG2—4F 17
Radburn Ct. NG9—6D 12
Radcliffe Gdns. NG4—5F 11
Radcliffe Mt. NG2—1F 25
Radcliffe Rd. NG2 & NG12—1F 25
Radcliffe Rd. NG12—6F 19
Radcliffe St. NG2—6E 17
Radford Boulevd. NG7—1H 15
Radford Bri. Rd. NG8—2F 15
Radford Ct. NG7—3A 16
Radford Cres. NG4—4G 11
Radford Gro. La. NG2—2G 15
Radford Rd. NG7—3D 8
Radham Ct. NG5—3H 9
Radley Sq. NG6—6G 3
Radmarsh Rd. NG7—4G 15
Radstock Rd. NG3—6C 10
Radway Dri. NG11—5B 24
Raeburn Dri. NG9—2E 27
Ragdale Rd. NG6—3E 3
(in two parts)
Raglan Clo. NG3—1D 16
Raibank Gdns. NG5—1A 10
Rainham Gdns. NG11—6G 29
Raithby Clo. NG5—1G 4
Raleigh Clo. NG11—3B 28
Raleigh M. NG7—2B 16
Raleigh St. NG7—2B 16
Ralf Clo. NG2—6F 25
Ramblers Clo. NG4—3C 18
Ramsdale Cres. NG5—3A 10
Ramsdale Rd. NG4—5G 11
Ramsey Clo. NG9—6D 12
Ramsey Dri. NG5—5H 5
Ranby Wlk. NG3—2F 17
Randel Gdns. NG7—2B 16
Randel St. NG7—6D 8 & 6E 9
Ranelagh Gro. NG8—3D 14
Ranmere Rd. NG8—1D 14
Ranmoor Rd. NG4—5H 11
Ranmore Clo. NG9—6G 13
Rannoch Rise. NG5—2F 5
Ranskill Gdns. NG5—3A 4
Ransom Dri. NG3—4A 10
Ransom Rd. NG3—4A 10
Rathgar Clo. NG8—3B 14
Rathmines Clo. NG7—5G 15
Rathvale Ct. NG9—6E 21
Raven Av. NG5—2G 9
Ravenhill Clo. NG9—5G 21
Ravens Ct. NG5—6C 4
Ravensdale Av. NG10—1A 26
Ravensdale Dri. NG8—5H 13
Ravensdene Ct. NG3—6H 9

Ravensmore Rd. NG5—4G 9
Ravenswood Rd. NG5—4F 5
Ravensworth Rd. NG6—3E 3
Rawson St. NG7—5E 9
Raymede Clo. NG5—5H 3
Raymede Dri. NG5—6h 3
Rayner Ct. NG7—3H 15
Raynford Av. NG9—5A 22
Read Av. NG9—3D 22
Read Lodge. NG9—3D 22
Readman Rd. NG9—1H 27
Rearsby Clo. NG8—2A 14
Recreation Rd. NG10—4B 20
Recreation St. NG10—4E 27
Recreation Ter. NG9—4C 20
Rectory Av. NG8—3B 14
Rectory Ct. NG2—2F 25
Rectory Dri. NG4—4H 11
Rectory Gdns. NG8—3C 14
Rectory Rd. NG2—3F 25
Rectory Rd. NG4—3C 18
Redbourne Dri. NG8—1F 15
Redcar Clo. NG4—3G 11
Redcliffe Gdns. NG3—6H 9
Redcliffe Rd. NG3—6G 9
Redfield Rd. NG7—2G 23
Redfield Way. NG7—1H 23
Redhill Lodge Dri. NG5—2E 5
Redhill Rd. NG5—2E 5
Redland Av. NG4—6H 11
Redland Clo. NG9—6H 21
Redland Dri. NG9—6H 21
Redland Gro. NG4—5G 11
Redmile Rd. NG8—4A 8
Redoubt St. NG7—3H 15
Redruth Clo. NG8—1H 13
Redwood. NG2—4C 24
Redwood Av. NG8—4A 14
Redwood Cres. NG9—5D 22
Reedham Wlk. NG5—3B 4
Rees Gdns. NG5—2B 4
Regatta Way. NG2—6A 18
Regency Ct. NG9—3D 22
Regent St. NG1—3C 16 & 2A 30
Regent St. NG5—5E 9
Regent St. NG9—3D 22
Regent St. NG10—4D 26
(Long Eaton)
Regent St. NG10—4B 20
(Sandiacre)
Regina Clo. NG12—5H 19
Reigate Rd. NG7—3D 8
Rempstone Dri. NG6—6G 3
Renfrew Dri. NG8—4B 14
Repton Dri. DE7—1A 12
Repton Rd. NG2—4E 25
Repton Rd. NG6—5F 3
Retford Rd. NG5—2F 9
Retlaw Ct. NG9—5A 22
Revelstoke Av. NG5—2G 3
Revelstoke Way. NG5—2G 3
Revesby Gdns. NG8—6B 8
Revesby Rd. NG5—1B 10
Revill Cres. NG9—2E 21
Reydon Dri. NG8—4C 8
Reynolds Dri. NG8—2C 14
Rhyl Cres. NG4—4H 11
Ribblesdale Ct. NG9—5F 21
Ribblesdale Rd. NG5—1G 9
Ribblesdale Rd. NG10—6A 26
Ribble St. NG8—3G 15
Riber Clo. NG10—6C 26
Richardson Clo. NG11—3B 28
Richborough Pl. NG8—6B 14
Richey Clo. NG5—5H 5
Richmond Av. DE7—4A 26
Richmond Av. NG3—6B 10
Richmond Av. NG10—6A 20
Richmond Ct. NG9—4B 22
Richmond Dri. NG3—4A 10
Richmond Dri. NG9—4B 22
Richmond Gdns. NG5—2E 5
Richmond Rd. NG2—1F 25
Ricklow Ct. NG5—3A 4
Rick St. NG1—2D 16 & 1E 30
Ridding Ter. NG3—2D 16
Ridge Way. NG5—4H 3
Ridgeway Wlk. NG5—4A 4
Ridgewood Dri. NG9—6H 21
Ridgley Clo. NG5—5H 3
Ridgley Dri. NG5—5H 3
Ridgmont Wlk. NG11—3B & 3C 28
Ridgway St. NG3—1F 17
Ridsdale Rd. NG5—6D 4
Rifle St. NG7—2H 15
Rigg Hill Ct. NG6—6D 2
Ringstead Clo. NG2—5C 24
Ringstead Wlk. NG5—3C 4

Ringwood Cres. NG8—3E 15
Ripon Rd. NG3—2A 18
Riseborough Wlk. NG6—2E 3
Rise Ct. NG5—5G 9
Riseholme Av. NG8—4H 13
Rise Pk. Rd. NG5—2G 3
Rise, The. NG5—2A 10
Risley Dri. NG2—6B 16
Riste's Pl. NG1—3D 16 & 3E 30
Ritson Clo. NG3—2E 17
Riverdale Rd. NG9—1H 27
Rivergreen. NG11—1D 28
Rivergreen Clo. NG9—5H 13
Rivergreen Cres. NG9—5H 13
River Rd. NG4—2F 19
Riverside Clo. NG9—6D 22
Riverside Rd. NG9—6D 22
Riverside Way. NG2—1B 24
Riverview. NG2—1D 24
Riverway Gdns. NG2—6D 16
Rivington Rd. NG9—1E 27
Road No. 1. NG4—2D 18
Road No. 2. NG4—3D 18
Road No. 3. NG4—2E 19
Road No. 4. NG4—2F 19
Road No. 5. NG4—2F 19
Road No. 7. NG4—2D 18
Road No. 8. NG4—2D 18
Robbie Burns Rd. NG5—3C 4
Robbinetts La. NG16—4A 6
Roberts St. DE7—1A 12
Roberts St. NG2—3F 17
Roberts Yd. NG9—3D 22
Robey Ter. NG7—6E 9
Robina Ct. NG2—5G 25
Robinet Rd. NG9—5C 22
Robin Hood Chase. NG3—1D 16
Robin Hood Ind. Est. NG3—2E 17
Robin Hood Rd. NG5—3C 4
Robin Hood St. NG3—3E 17
Robin Hood Ter. NG3—2E 17 & 1F 30
Robin Hood Way. NG2—1B 24
Robinson Gdns. NG11—3B 28
Robinson Rd. NG3—3C 10
Robins Wood Rd. NG8—1E 15
Rob Roy Av. NG7—4H 15
Rochester Av. NG4—1E 19
Rochester Ct. NG6—6C 2
Rochester Wlk. NG11—3E 29
Rock Ct. NG6—2B 8
Rock Dri. NG7—4B 16
Rockford Ct. NG9—1E 21
Rockford Rd. NG5—2E 9
Rock St. NG6—4D 2
Rockwell Ct. NG9—3D 20
Rodel Ct. NG3—2D 16
Roden St. NG3—3E 17
Roderick St. NG6—1C 8
Rodney Rd. NG2—4H 25
Rodwell Clo. NG8—2E 15
Roecliffe. NG2—6E 25
Roehampton Dri. NG9—5C 12
Roker Clo. NG8—4H 7
Roland Av. NG11—3B 24
Roland Av. NG16—1F 7
Rolleston Dri. NG5—5G 5
Rolleston Dri. NG7—4A 16
Romans Ct. NG6—3C 8
Romilay Clo. NG9—1D 22
Romney Av. NG8—6A 14
Romorantin Pl. NG10—5D 26
Rona Ct. NG6—6G 3
Ronald St. NG7—3A 16
Rookery Gdns. NG5—3G 5
Rookwood Clo. NG9—4B 22
Roosa Clo. NG6—6C 2
Ropewalk, The. NG1—3B 16 & 3A 30
Ropsley Cres. NG2—1G 25
Roscoe Av. NG5—2E 5
Roseacre. NG9—4D 22
Rose Ash La. NG5—3C 4
Rosebank Dri. NG5—2H 5
Rosebay Av. NG7—1F 25
Rosebery St. NG6—2C 8
Rose Clo. NG3—6H 9
Rose Ct. NG10—3B 26
Rosecroft Dri. NG5—5D 4
Rosedale Clo. NG10—6A 26
Rosedale Dri. NG8—4G 13
Rosedale Rd. NG3—1A 18
Rosegarth Wlk. NG6—1C 8
Rose Gro. NG9—5E 23
Rosegrove Av. NG5—2G 5
Roseheath Av. NG5—2H 3
Roseleigh Av. NG3—3D 10
Rosemary Clo. NG8—4F 7
Rosetta Rd. NG7—4E 9
(in two parts)

Rosewall Ct. NG5—4H 5
Rosewood Gdns. NG2—6D 24
Rosewood Gdns. NG6—4C 2
Roslyn Av. NG4—4G 11
Rossell Dri. NG9—4D 20
Rossington Rd. NG2—3G 17
Rosslyn Dri. NG8—3H 7
Rothbury Av. NG9—5D 12
Rothesay Av. NG7—3A 16
Rothley Av. NG3—3F 17
Rothwell Clo. NG11—5B 24
Roundwood Rd. NG5—4D 4
Rowan Av. NG9—6E 13
Rowan Dri. NG11—6B 24
Rowans Wlk. NG3—6D 10
Rowe Gdns. NG6—6G 3
Rowland Av. NG3—3D 10
Rowsley Av. NG10—6A 26
Roxley Ct. NG9—2B 22
Royal Av. NG10—2D 26
Royal M. NG9—6H 21
Roy Av. NG9—5E 23
Royston Clo. NG2—6B 16
Ruddington La. NG11—4B 24
Rudge Clo. NG8—2C 14
Ruffles Av. NG5—6H 5
Rufford Av. NG4—3F 11
Rufford Av. NG9—2F 21
Rufford Rd. NG5—3G 9
Rufford Rd. NG11—5H 29
Rufford Wlk. NG6—4E 3
Rufford Way. NG2—3H 25
Rugby Rd. NG2—5C & 4D 24
(in two parts)
Rugby Ter. NG7—6D 8
Rugeley Av. NG10—5F 27
Runnymede Ct. NG7—2B 16
Runnymede Ct. NG9—5D 22
Runswick Dri. NG5—3G 5
Runswick Dri. NG8—3D 14
Runton Dri. NG6—2D 8
Rushcliffe Av. NG4—6F 11
Rushcliffe Ct. NG6—5G 3
Rushcliffe Rise. NG5—1H 9
Rushford Dri. NG8—4A 14
Rushmere Wlk. NG5—6G 5
Rushton Gdns. NG3—1F 17
Rushworth Av. NG2—1E 25
Rushworth Clo. NG3—1E 17
(in two parts)
Rushworth Ct. NG2—1E 25
Rushy Clo. NG8—2A 14
Ruskin Av. NG4—6A 22
Ruskin Av. NG10—6A 26
Ruskin St. NG7—3H 15
Russell Av. NG8—3C 14
Russell Ct. NG10—3C 26
Russell Dri. NG8—3B 14
Russell Pl. NG1—2C 16 & 1B 30
Russell Rd. NG7—5E 9
Russell St. NG7—2A 16
Russell St. NG10—3C 26
Russett Av. NG4—6H 11
Russley Rd. NG9—2F 21
Ruth Dri. NG5—2G 5
Ruthwell Gdns. NG5—1A 4
Rutland Av. NG9—2F 27
Rutland Gro. NG10—4B 20
Rutland Rd. NG2—1G 25
Rutland Rd. NG4—2F 11
Rutland St. NG1—4C 16 & 3B 30
Rutland Ter. NG16—1B 6
Rutland Vs. NG2—4F 17
Rydal Av. NG10—2B 26
Rydal Dri. NG9—1A 22
Rydale Rd. NG5—6D 4
Rydal Gdns. NG2—5G 25
Rydal Gro. NG6—2D 8
Ryder St. NG6—1C 8
Ryecroft St. NG9—1E 21
Ryehill Clo. NG2—6E 17
Ryehill St. NG2—6E 17
Ryeland Gdns. NG2—6D 16
Rye St. NG7—5E 9
Rylands Clo. NG9—6E 23
Rylands Ct. NG9—5D 22
Ryton Ct. NG2—6D 16
Ryton Sq. NG8—4A 8

Saddleworth Ct. NG3—1D 16
Saffron Gdns. NG2—6B 16
St Agnes Clo. NG8—5E 7
St Aidens Clo. NG6—2D 8
St Alban's Rd. NG5—4E 5
St Albans Rd. NG6—4G 3
St Albans St. NG5—3H 9

St Andrew's Ct. NG6—5G 3
St Andrew's Rd. NG3—6G 9
St Ann's Gdns. NG3—6B 10
St Ann's Hill. NG3—6H 9
St Ann's Hill Rd. NG3—1C 16
St Ann's St. NG1—2D 16 & 1D 30
St Ann's Valley. NG3—1E 17
St Ann's Way. NG3—1C 16
St Ann's Well Rd. NG3—2D 16 & 1E 30
St Anthony Ct. NG7—5H 15
St Augustines Clo. NG7—5E 9
St Austell Dri. NG11—4D 24
St Austin's Ct. NG4—5H 11
St Austin's Dri. NG4—5H 11
St Bartholomew's Rd. NG3—1F 17
St Cecelia Gdns. NG3—1D 16
St Chad's Rd. NG3—3F 17
St Christopher St. NG2—4G 17
St Cuthberts Ct. NG8—4E 7
St Ervan Rd. NG11—4D 24
St George's Dri. NG2—5C 16
St Helens Cres. NG8—3C 12
St Helen's Rd. NG2—4F 25
St Helen's St. NG2—3B 16
St Helier. NG7—4B 16 & 4A 30
St James Av. DE7—1A 12
St James Ct. NG3—3E 11
St James's Ct. NG10—1A 26
St James's St. NG1—4C 16 & 3C 16 &
3B 30
St James St. NG9—4C 20
St James Ter. NG1—4C 16 & 3B 30
St John's Rd. DE7—1A 12
St John's Rd. NG11—4H 29
St John's St. NG10—5D 26
St Jude's Av. NG3—4A 10
St Lawrence Boulevd. NG12—5H 19
St Leonard's Dri. NG8—3C 14
St Leven Clo. NG8—5E 7
St Lukes Clo. NG2—5H 25
St Luke's St. NG3—3E 17
St Margaret's Av. NG8—5A 8
St Mark's St. NG3—2D 16 & 1E 30
St Martin's Clo. NG8—5F 7
St Martin's Gdns. NG8—5F 7
St Martin's Rd. NG8—5F 7
St Mary's Av. NG4—4G 11
St Mary's Clo. NG5—2F 5
St Mary's Cres. NG11—4H 29
St Mary's Ga. NG1—3D 16 & 3E 30
St Mary's Pl. NG1—3D 16 & 3E 30
St Matthias Rd. NG3—2F 17
St Mawes Av. NG11—4D 24
St Michael's Av. NG4—4G 11
St Michael's Av. NG8—5E 7
St Michael's Sq. NG9—2G 21
St Nicholas Clo. NG8—4E 5
St Nicholas St. NG1—4C 16 & 3C 30
St Paul's Av. NG7—6D 8
St Paul's St. NG8—3G 15
St Paul's Ter. NG7—6D 8
St Peter's Chu. Wlk. NG1
—4D 16 & 3D 30
St Peter's Cres. NG11—5G 29
St Peter's Ga. NG1—3D 16 & 3D 30
St Peter's Sq. NG1—3D 30
St Peter's St. NG7—2H 15
St Saviour's Gdns. NG2—6D 16
St Stephen's Av. NG2—4F 17
St Stephen's Rd. NG2—4F 17
St Vincent's Clo. NG8—5E 7
Salamander Clo. NG4—4F 11
Salcey Dri. NG9—5C 12
Salcombe Cir. NG5—3E 5
Salcombe Cres. NG11—4H 29
Salcombe Dri. NG5—2E 5
Salcombe Rd. NG5—3D 8
Salford Gdns. NG3—2E 17 & 1F 30
Salisbury Ct. NG3—3A 10
Salisbury Sq. NG7—3H 15
Salisbury St. NG7—3G & 3H 15
Salisbury St. NG9—3D 22
Salisbury St. NG10—4D 26
Salmon Clo. NG6—4C 2
Salop St. NG5—4E 5
Saltburn Rd. NG8—1D 14
Saltford Clo. NG4—3H 11
Salthouse Ct. NG9—2D 22
Salthouse La. NG9—2D 22
Saltney Way. NG11—6B 24
Samson Ct. NG11—4F 29
Sandays Clo. NG2—6C 16
Sandfield Ct. NG6—6D 2
Sandfield Rd. NG5—6F 5
Sandfield Rd. NG7—4H 15
Sandfield Rd. NG9—2D 26
Sandford Av. NG10—5D 26
Sandford Rd. NG3—3C 10

Sandgate. NG9—6A 14
Sandham Wlk. NG11—6H 23
Sandhurst Dri. NG11—6G 29
Sandhurst Rd. NG6—2E 3
Sandiacre Rd. NG3—3C 20
Sandon St. NG7—5E 9
Sandown Rd. NG9—1E 27
Sandringham Av. NG2—2E 25
Sandringham Cres. NG8—3H 13
Sandringham Dri. NG9—1H 21
Sandringham Rd. NG2—3G 17
Sandringham Rd. NG10—1B 26
Sandy La. NG6—6A 14
Sandy La. NG12—5F 19
Sanger St. NG11—4B 28
Sanger Gdns. NG11—4B 28
Sankey Rd. NG6—4D 2
Sargent Gdns. NG3—1G 17
Saskatoon Clo. NG12—5H 19
Saunby Clo. NG5—5H 5
Savages Rd. NG11—4H 29
Savages Row. NG11—4H 29
Saville Clo. NG9—2D 20
Saville Rd. NG5—6F 5
Savina Ct. NG9—2E 23
Saxelby Gdns. NG6—3E 3
Saxondale Dri. NG6—1C 8
Saxon Grn. NG7—5H 15
Saxton Clo. NG9—3E 24
Scafell Way. NG11—4C 28
Scalford Dri. NG8—4F 15
Scarborough St. NG3—2E 17 & 1F 30
Scarf Wlk. NG11—3B 24
Scarrington Rd. NG2—6F 17
Sceptre St. NG5—3G 9
School Clo. NG2—1D 24
School La. NG9—5A 22
School Way. NG2—1D 24
Scotholme Av. NG7—6D 8
Scotland Rd. NG5—3D 8
Scotsdale Wlk. NG3—5A 10
Scott Av. NG9—4C 22
Scott Clo. NG6—6C 2
Scrivelsby Gdns. NG9—6A 22
Seaburn Rd. NG9—1E 27
Seaford Av. NG8—2E 15
Seagrave Clo. NG5—4F 5
Seagrave Rd. NG8—5E 7
Seaton Cres. NG8—4H 7
Second Av. NG4—6E 11
(Carlton)
Second Av. NG4—4H 11
(Gedling)
Second Av. NG7—6F 9
Second Av. NG9—2B 22
Sedgebrook Clo. NG6—3C 2
Sedgewood Gro. NG11—1D 28
Sedgley Av. NG2—3G 17
Seely Rd. NG7—3A 16
Sefton Av. NG9—1E 21
Sefton Dri. NG3—4H 9
Selby Clo. NG9—6D 20
Selby Rd. NG2—4F 25
Selhurst Ct. NG7—6D 8
Selhurst St. NG7—6D 8
Selkirk Way. NG5—5G 9
Sellars Av. NG11—6H 29
Sellers Wood Dri. NG6—3C 2
Sellers Wood Dri. W. NG6—4B 2
Selside Ct. NG9—5G 21
Selston Dri. NG8—4F 15
Selwyn Clo. NG6—6H 3
Serina Ct. NG2—3E 25
Serlby Rise. NG3—1F 17
Seven Oaks Cres. NG9—6H 13
Seven Oaks Rd. DE7—1A 20
Seventh Av. NG9—5F 23
Severals. NG9—2E 21
Severn St. NG6—4E 3
Seymour Rd. NG2—1H 25
Seymour St. NG3—2F 17
Shackleton Clo. NG8—4E 7
Shacklock Clo. NG5—2B 4
Shaftesbury Av. NG10—5A 20
Shaftesbury St. NG7—5F 9
Shakespeare Clo. NG4—3C 18
Shakespeare St. NG1—2C 16 & 1B 30
Shakespeare St. NG10—3C 26
Shakespeare Vs. NG1—2C 16 & 1C 30
Shaldon Clo. NG5—2A 4
Shanklin Dri. NG9—3C 20
Shanwell Clo. NG8—3E 7
Sharnford Way. NG9—4G 13
Sharp Clo. NG10—6B 26
Sharpdale Gdns. NG6—1C 8
Sharphill Rd. NG12—6H 25
Shaw Gdns. NG11—3B 28

Shaw St. NG11—5G 29
Shaw St. E. DE7—1A 12
Shaw St. W. DE7—1A 12
Sheepfold La. NG11—6H 29
Sheldon Clo. NG10—1B 26
Shelford Clo. NG9—5B 22
Shelford Dri. NG3—2G 17
Shelford Rd. NG4—2F 11
Shellburne Clo. NG5—3H 3
Shelley Av. NG11—6H 23
Shelley Rd. NG5—4D 4
Shelton Av. NG15—1F 3
Shelton Gdns. NG11—4G 29
Shelton St. NG3—2D 16
Shenfield Gdns. NG5—2G 3
Shepard Clo. NG6—6C 2
Shepherds Clo. NG8—1D 14
Shepherds Wood Dri. NG8—6A 8
Shepperson St. NG1—3C 16
Shepton Cres. NG8—4A 8
Sheraton Dri. NG8—5B 14
Sherborne Rd. NG2—5F 25
Sherborne Rd. NG8—4H 7
Sherbrook Av. NG5—4F 5
Sherbrooke Rd. NG5—4G 9
Sherbrooke Ter. NG5—4G 9
Sherbrook Rd. NG5—5D 4
Sherbrook Ter. NG5—5D 4
Sheridan Ct. NG9—6E 13
Sheriffs Lea. NG9—1D 26
Sheringham Clo. NG5—5F 5
Sherriffs Way. NG2—5D 16
Sherrington Clo. NG11—3B 28
Sherwin Clo. NG3—1D 16
Sherwin Gro. NG7—5H 15
Sherwin Rd. NG7—5H 15
Sherwin Rd. NG9—1E 21
Sherwin Wlk. NG3—1C 16
Sherwood Av. NG5—3H 9
Sherwood Ct. NG9—1H 27
Sherwood Rise. NG7—5F 9
Sherwood Vale. NG5—3A 10
Shipley Rise. NG4—1C 18
Shipley Rd. NG8—4G 7
Shipstone St. DE7—2A 12
Shipstone St. NG5—5D 8
Shipstone Ter. NG7—5D 8
Shirley Clo. NG9—2G 27
Shirley Dri. NG4—1H 11
Shirley Rd. NG3—5G 9
Shoreswood Clo. NG5—3B 4
Shortcross Av. NG5 & NG3—1C 10
Short Hill. NG1—3F 30
Short Stairs. NG1—3F 30
Shortwood Clo. NG1—4D 16 & 4E 30
Shorwell Rd. NG3—1A 18
Shrewsbury Rd. NG2—3G 17
Shrimpton Ct. NG11—6H 29
Sibson Wlk. NG5—1G 5
Sidlaw Rise. NG5—2B 4
Sidney Rd. NG9—3B 22
Sidney St. NG10—6C 26
Silbury Clo. NG11—5C 28
Silverdale. NG9—5D 20
Silverdale Rd. NG7—3D 8
Silverwood Rd. NG9—4B 22
Simkin Av. NG3—4D 10
Simone Gdns. NG11—2D 28
Simons Ct. NG9—6A 14
Sisley Av. NG9—3E 21
Sixth Av. NG9 & NG7—4F 23
Sketchley Ct. NG6—4D 2
Sketchley St. NG3—1F 17
Skipton Cir. NG3—2G 17
Slade Rd. NG9—4G 21
Slaidburn Av. NG11—5B 24
Sloan Dri. NG9—5G 13
Sloane Ct. NG2—1H 29
Sloethorne Gdns. NG5—4D 4
Smedley Av. DE7—1A 12
Smedley Clo. NG8—3A 8
Smedley's Av. NG10—4A 20
Smite Ct. NG7—1G 15
Smithfield Av. NG9—4C 16 & 3B 30
Smithy Clo. NG11—2C 28
Smithy Cres. NG5—4F 5
Smithy Row. NG1—3D 16 & 2D 30
Snape Nook Ct. NG6—4C 2
Snape Wood Rd. NG6—4C 2
Snead Ct. NG5—2B 4
Sneinton Boulevd. NG2—4F 17
Sneinton Dale. NG2 & NG3—4F to 2H 17
Sneinton Hermitage. NG2—4F 17
Sneinton Hollows. NG2—4F 17
Sneinton Rd. NG2—3E 17
Sobers Gdns. NG11—5H 5
Softwood Clo. NG6—4C 2
Solway Clo. NG9—4B 22

Somerby Ct. NG9—4G 13
Somersby Rd. NG5 & NG3—6G 5
Somerset Clo. NG10—4F 27
Somerton Av. NG11—5B 24
Sophie Rd. NG7—1A 16
Southampton St. NG3—1E 17
Southchurch Ct. NG11—1E 29
Southchurch Dri. NG11—4D 28
Southcliffe Rd. NG4—6F 11
South Ct. NG9—6E 23
Southdale Dri. NG4—1B 18
Southdale Rd. NG4—1B 18
S. Devon Av. NG3—3D 10
Southey St. NG7—1A 16
Southfield Rd. NG8—2F 15
Southfields. NG10—5E 27
Southglade Rd. NG5—5H 3
Southlea Rd. NG4—6G 11
South Pde. NG1—3C 16 & 3C 30
Southport Ter. NG7—1H 15
South Rd. NG2—4E 25
South Rd. NG7—4B 16
South Rd. NG9—6D 22
S. Sherwood St. NG1—2C 16 & 3C 16 &
1C 30
S. Snape Clo. NG6—5C 2
South St. NG10—5D 26
S. View Rd. NG4—4F 11
Southwark St. NG6—2C 8
Southwell Rd. NG1—3E 17 & 2F 30
Southwold Dri. NG8—2F 15
Sovereign Ct. NG9—5D 22
Spalding Rd. NG3—3F 17
Spaniel Row. NG1—4C 16 & 3C 30
Spean Dri. NG8—6A 8
Spencer Av. NG10—3A 20
Spencer Clo. NG11—5G 29
Spencer Cres. NG9—2E 21
Spindle Gdns. NG6—4D 2
Spinney Clo. NG2—5H 25
Spinney Cres. NG9—1E 27
Spinney Dri. NG10—2B 26
Spinney Rise. NG9—6E 21
Spinney Rd. NG10—2B 26
Spinney, The. NG5—2A 10
Spinney, The. NG16—2G 7
Spinney Way. NG11—6B 24
Spinningdale. NG5—3H 5
Spondon St. NG5—3H 9
(in two parts)
Springdale Gdns. NG9—5D 12
Springfield Av. NG10—1A 26
Springfield Ct. NG9—1E 21
Springfield Dri. NG6—1C 8
Springfield Rd. NG5—2E 5
Springfields. NG2—3E 25
Springfield St. NG7—4E 9
Spring Grn. NG11—4D 28
Spring Head Clo. NG6—5D 2
Spring Hill. NG16—1B 6
Springhill Clo. NG6—3E 3
Springmoor Croft. NG2—3B 18
Spring Rd. NG6—5F 3
Spring Ter. NG16—6A 2
Springwood Gdns. NG5—2B 10
Spruce Gdns. NG6—4D 2
Sprydon Wlk. NG11—4D 28
(in two parts)
Square, The. NG8—3B 14
Square, The. NG9—4C 22
Squires Av. NG6—3E 3
Squires Way. NG2—4E 25
Stacey Av. NG5—4A 4
Stafford Av. NG6—5E 3
Stafford Ct. NG4—1E 19
Stafford Ct. NG6—6C 2
Stafford St. NG10—4F 27
Stagsden Cres. NG8—2H 13
Staindale Ct. NG8—4B 8
Staindale Dri. NG8—5B 8
Stamford Rd. NG2—4G 25
Stancliffe Av. NG6—4F 3
Standard Hill. NG1—4C 16 & 3B 30
Standhill Av. NG4—6D 10
Standhill Rd. NG4—5D 10
Stanesby Rise. NG11—2D 28
Stanford St. NG1—4C 16 & 3C 30
Stanholme Ct. NG2—6D 24
Stanhome Dri. NG2—6D 24
Stanhome Sq. NG2—6D 24
Stanhope Cres. NG5—3E 5
Stanhope Rd. NG4—2F 11
Stanhope Rd. NG5—3F 5
Stanhope St. DE7—2A 12
Stanhope St. NG1—3E 17 & 3F 30
Stanhope St. NG10—4C 26
Stanley Av. NG7—5F 9
Stanley Dri. NG9—1F 21

Stanley Pl. NG1—2C 16 & 1B 30
Stanley Rd. NG2—3G 25
Stanley Rd. NG3—4D 10
Stanley Rd. NG7—5E & 6E 9
Stanley St. NG10—5D 26
Stanmore Gdns. NG5—5F 5
(in two parts)
Stansfield St. NG7—3H 15
Stanstead Av. NG5—3G 3
Stanthorne Clo. NG11—6B 24
Stanton Ga. NG10—1B 20
Stanton Rd. NG10—3A 20
Stanway Clo. NG3—1A 18
Stanwick Clo. NG8—6F 7
Stapleford By-Pass. NG10 & NG9
—6A 20 to 1G 21
Stapleford La. NG9—6E 21
Stapleford Rd. NG9—4C 12
Staplehurst Dri. NG5—1E 9
Staples St. NG3—4A 10
Starch La. NG10—3B 20
Stathern Wlk. NG5—5C 4
Station Av. NG4—4H 11
Station Rd. NG4—6H 11
Station Rd. NG5—6E 5
Station Rd. NG6—5F 3
Station Rd. NG9—3C 22
Station Rd. NG10—4E 27
(Long Eaton)
Station Rd. NG10—4B 20
(Sandiacre)
Station St. NG2—4D 16
Station St. NG10—4E 27
Staunton Dri. NG5—2H 9
Staverton Rd. NG8—1A 14
Steadfold Clo. NG6—6E 3
Steads Clo. NG4—6H 11
Steedman Av. NG3—2C 10
Steinbeck Rd. NG4—1A 18
Stepney Ct. NG8—5G 7
Sterndale Rd. NG10—6A 26
Steven Clo. NG9—6F 21
Stevenholme Cres. NG5—5A 4
Stevenson Gdns. NG11—6H 29
Stevens Rd. NG10—4A 20
Stewerton Clo. NG5—2H 5
Stinsford Clo. NG5—2H 5
Stirling Gro. NG11—4E 29
Stockdale Clo. NG5—1B 4
Stockhill Cir. NG6—3B 8
Stockhill La. NG8—3B 8
Stockton St. NG6—4E 3
Stockwell. NG6—5E 3
Stoneacre. NG5—3B 4
Stonebridge Ct. Ind. Est. NG3—2E 17
Stonebridge Rd. NG3—2E 17
Stonehaven Clo. NG5—1H 5
Stoneleigh Clo. NG9—5H 21
Stoneleigh St. NG7—2B 16
Stone Meadows. NG10—6E 27
Stonepit Clo. NG3—5B 10
Stoneycroft Rd. NG6—1D 8
Stoney Houghton Gdns. NG6—4C 2
Stoney La. NG9—2B 12
Stoney St. NG1—1D 16 & 3E 30
Stoney St. NG9—3C 22
Storey Av. NG4—3G 11
Stotfield Rd. NG8—2H 13
Stourdale Clo. NG10—6A 26
Stowe Av. NG2—5D 24
Stratford Clo. NG4—3C 18
Stratford Rd. NG2—2F 25
Strathmore Rd. NG5—2H 5
Strelley La. NG8—6C 6
Strelley Rd. NG8—5E 7
Strelley St. NG6—4E 3
Strome Clo. NG2—6C 16
Strome Ct. NG2—6C 16
Stuart Clo. NG5—3H 5
Studland Way. NG2—4C 24
Sturgeon Av. NG11—6H 23
Sturton St. NG7—5E 9
Styring St. NG9—4C 22
Sudbury Av. NG10—3A 20
Suez St. NG7—4E 9
Suffolk Av. NG9—6F 23
Sullivan Clo. NG3—1G 17
Sumburgh Rd. NG11—3E 29
Summer Leys Rd. NG2—5D 16
Summers Ter. NG2—5D 16
Summerwood La. NG11—4C 28
Sunbury Gdns. NG5—2G 5
Sunderland Gro. NG8—4E 7
Sunlea Cres. NG9—4E 21
Sunningdale Rd. NG5—5G 3
Sunninghill Dri. NG11—1C 28
Sunninghill Rise. NG5—2G 5
Sunnydale Rd. NG3—1A 18

Sunnyside Rd. NG9—4H 21
Sunridge Ct. NG3—5H 9
Sunrise Av. NG5—1E 9
Surbiton Clo. NG3—4A 10
Surbiton Sq. NG8—3A 8
Surfleet Clo. NG8—5H 13
Surgey's La. NG5—2G 5
Surrey Ct. NG3—4A 10
Susan Dri. NG6—1C 8
Sussex Way. NG10—5B 20
Sutherland Dri. NG2—5G 25
Sutherland Rd. NG3—1H 17
Sutton Gdns. NG11—6G 29
Sutton Passeys Cres. NG8—4E 15
Sutton Rd. NG5—1G 5
Swain's Av. NG3—1G 17
Swaledale Clo. NG8—5B 8
Swallow Gdns. NG4—4D 10
Swan Meadow. NG4—4D 18
Swansdowne Dri. NG11—2D 28
Sweeney Ct. NG5—3A 4
Sweet Leys Rd. NG2—6C 16
Swenson Av. NG7—5G 15
Swigert Clo. NG5—1G 7
Swildon Wlk. NG5—3A 4
Swinburne St. NG3—2F 17
Swiney Way. NG9—1F 27
Swingate. NG16—1B 6
Swinscoe Gdns. NG5—3A 4
Swinstead Clo. NG8—1C 14
Swithland Dri. NG2—6E 25
Sycamore Clo. NG2—2D 22
Sycamore Cres. NG10—3A 20
Sycamore Cres. NG16—1B 6
Sycamore Gro. NG3—4C 10
Sycamore Rise. NG6—1A 8
Sycamore Rd. NG10—6C 26
Syderstone Wlk. NG5—6G 5
Sydney Gro. NG12—1H 19
Sydney Rd. NG8—2E 15
Syke Rd. NG5—3H 3
Synge Clo. NG11—4B 28

Taft Av. NG10—3B 20
Talbot Ct. NG12—5H 19
Talbot Dri. NG9—6C 12
Talbot St. NG1—3B 16 & 1A 30
Tambling Clo. NG5—6H 5
Tame Clo. NG11—6H 23
Tamworth Gro. NG11—2E 29
Tamworth Rd. NG10—6C 26
Tangmere Cres. NG8—4F 7
Tarbert Clo. NG2—6C 16
Target St. NG7—2H 15
Tattershall Dri. NG7—3B 16 & 3A 30
Tattershall Dri. NG9—2E 23
Taunton Rd. NG2—4F 25
Tavern Av. NG8—3A 8
Tavistock Av. NG3—5H 9
Tavistock Ct. NG5—5G 9
Tavistock Dri. NG3—5H 9
Tavistock Rd. NG2—4F 25
Taylor Clo. NG2—5H 17
Taylor Cres. NG9—2E 21
Teak Clo. NG3—1E 17
Teal Clo. NG4—1F 19
Teal Wharf. NG7—5A 16
Technology Dri. NG9—5D 22
Teesbrook Dri. NG8—4G 13
Teesdale Ct. NG9—5F 21
Teesdale Rd. NG5—4H 9
Teesdale Rd. NG10—6A 26
Templar Rd. NG9—3E 24
Temple Cres. NG16—2E 7
Temple Dri. NG16—1F 7
Templeman Clo. NG11—4G 29
Templeoak Dri. NG8—4A 14
Tenbury Cres. NG8—5A 8
Tene Clo. NG5—2F 5
Tennis Ct. Ind. Est. NG2—5G 17
Tennis Dri. NG7—3B 16
Tennyson Av. NG4—4H 11
Tennyson Ct. NG5—3G 9
Tennyson Rd. NG5—1B 10
Tennyson St. NG7—2B 16
Tenter Clo. NG5—3A 4
Terrace St. NG7—6E 9
Terrian Cres. NG2—3F 25
Terton Rd. NG5—3A 4
Tetney Wlk. NG8—1D 14
Tettenbury Rd. NG5—2E 9
Teversal Av. NG7—3A 16
Tevery Clo. NG9—2E 21
Teviot Rd. NG5—6H 3
Tewkesbury Clo. NG2—3G 25
Tewkesbury Dri. NG6—2D 8
Thackeray's La. NG5—6E 5

Thackeray St. NG7—2A 16
Thames St. NG6—4E 3
Thane Rd. NG7—2G 15
Thaxted Clo. NG8—1A 14
Thetford Clo. NG6—6G 3
Third Av. NG4—5D 10 & 6E 11
(Carlton)
Third Av. NG4—4H 11
(Gedling)
Third Av. NG7—6F 9
Third Av. NG9 & NG7—4F 23
Thirlmere Clo. NG3—6B 10
Thirlmere Clo. NG10—2A 26
Thirlmere Rd. NG10—2A 26
Thirston Dri. NG6—4C 2
Thistledown Rd. NG11—5C 28
Thomas Clo. NG3—2E 17
Thompson Clo. NG9—1H 27
Thompson Gdns. NG5—2B 4
Thoresby Av. NG2—4F 17
Thoresby Av. NG4—3F 11
Thoresby Clo. NG5—5H 2
Thoresby Rd. NG9—1H 21
Thoresby Rd. NG10—5B 26
Thoresby St. NG2—4E 17
Thor Gdns. NG5—3A 4
Thornbury Way. NG5—4H 3
Thorncliffe Rise. NG3—6G 9
Thorncliffe Rd. NG3—6G 9
Thorndale Rd. NG6—3B 8
Thorndike Clo. NG9—6E 23
Thorner Clo. NG6—6G 3
Thorney Hill. NG3—6C 10
Thorneywood Mt. NG3—6C 10
Thorneywood Rise. NG3—1G 17
Thorneywood Rd. NG10—4E 27
Thornfield Ind. Est. NG3—2G 17
Thornhill Clo. NG9—6H 13
Thornley St. NG7—1H 15
Thornton Av. NG5—2E 5
Thornton Clo. NG8—3B 14
Thornton Ter. NG7—6E 9
Thorold Clo. NG11—2C 28
Thoroton Rd. NG2—6F 17
Thoroton St. NG7—2A 16
Thorpe Clo. NG5—4A 4
Thorpe Clo. NG8—3C 20
Thorpe Cres. NG3—3D 10
Thorpe Leys. NG10—6D 26
Thrapstone Av. NG5—1G 5
Thraves Yd. NG12—5H 19
Thrumpton Av. NG10—5F 27
Thrumpton Dri. NG2—6C 16
Thurgarton Av. NG2—4F 17
Thurgarton St. NG2—4F 17
Thurland St. NG1—3D 16 & 2D 30
Thurloe Ct. NG2—1H 29
Thurland St. NG2—1H 29
Thurmans Yd. NG7—1H 15
Thursby Rd. NG11—6H 23
Thymus Wlk. NG11—2B 28
Thyra Ct. NG3—5A 10
Thyra Gro. NG3—5A 10
Thyra Gro. NG9—4D 22
Tidworth Clo. NG8—1D 14
Tilbury Rise. NG8—2H 7
Tintagel Grn. NG11—3C 28
Tintern Dri. NG8—4C 8
Tippett Ct. NG3—1F 17
Tiree Clo. NG9—5C 12
Tishbite St. NG6—4E 3
Tissington Clo. NG7—6E 9
Tissington Rd. NG7—5E 9
Tithby Dri. NG5—1H 9
Tithe Gdns. NG5—5A 4
Tiverton Clo. NG8—4A 8
Tobias Clo. NG5—3A 4
Todd Clo. NG11—3B 28
Todd Ct. NG11—4B 28
Toft Rd. NG9—6F 21
Token Ho. Yd. NG1—3D 30
Tollerton Grn. NG6—6G 3
Tollhouse Hill. NG1—3C 16 & 2B 30
Tonbridge Mt. NG8—6A 14
Tonnelier Rd. NG7—1G 23
Top Rd. NG11—6G 29
Top Valley Dri. NG5—3H 3
Top Valley Way. NG5—4G 3
Torbay Cres. NG5—6B 4
Torkard Dri. NG5—3A 4
Torrington Ct. NG5—3H 9
Torvill Dri. NG8—3B 14
Toston Dri. NG8—4F 15
Totland Dri. NG8—4C 8
Totland Rd. NG9—5H 13
Totley Clo. NG6—1F 3
Totnes Rd. NG3—2H 17

Toton Clo. NG6—6G 3
Toton La. NG9—3D 20 to 6E 21
Tottle Gdns. NG7—2G 15
Tower Cres. NG16—1B 6
Towe's Mt. NG4—1C 18
Towlson Ct. NG9—6A 22
Towlsons Croft. NG6—2C 8
Townsend Ct. NG5—2B 4
Town St. NG9—1G 21
Town St. NG10—6A 20
Towyn Ct. NG5—4A 4
Tracy Clo. NG9—6B 14
Trafalgar Clo. NG7—2H 15
Trafalgar Rd. NG9—5D 22
Trafalgar Rd. NG10—6D 26
Trafalgar Sq. NG10—5E 27
Trafalgar Ter. NG10—5E 27
Traffic St. NG2—5C 16
Trafford Gdns. NG8—6B 8
Tranby Gdns. NG8—5A 8
Travers Rd. NG10—4A 20
Trefan Gdns. NG5—4B 4
Tregarth Sq. NG5—3C 4
Trelawn Clo. NG5—3H 9
Tremadoc Ct. NG5—5F 9
Tremayne Rd. NG8—1H 13
Trent Av. NG11—4G 29
Trent Boulevd. NG2—6G 25
Trent Bri. NG2—6E 17
Trent Bri. Bldgs. NG2—1E 25
Trent Clo. NG2—5F 17
Trent Ct. NG2—6G 17
Trent Cres. NG9—6B 22
Trentdale Rd. NG4—1B 18
Trentham Dri. NG8—1F 15
Trentham Gdns. NG8—6B 8
Trent La. NG2—4G 17
Trent La. NG10—6E 27
Trenton Clo. NG9—1F 21
Trenton Dri. NG10—4F 27
Trent Rd. NG4—4F 17
Trent Rd. NG9—5D 22
Trentside. NG2—1E 25
Trentside. NG9—6D 22
Trentside N. NG2—6E 17
Trent South Ind. Pk. NG2—5G 17
Trent St. NG2—4D 16 & 4E 30
Trent St. NG10—3D 26
Trent Vale Rd. NG9—6D 22
Trevelyan Rd. NG2—1G 25
Trevino Gdns. NG5—3A 4
Trevone Av. NG9—3D 20
Trevor Rd. NG2—4G 25
Trevor Rd. NG9—5C 22
Trevose Gdns. NG5—2H 9
Treyford Clo. NG11—6B 24
Triangle, The. DE7—2A 12
Tricornia Dri. NG6—1A 8
Tring Vale. NG5—1E 9
Trinity Av. NG7—5H 15
Trinity Row. NG1—3C 16 & 1C 30
Trinity Sq. NG1—3C 16 & 1D 30
Trinity Wlk. NG1—3D 16 & 2D 30
Trinstead Way. NG5—4D 4
Triumph Rd. NG7—3G 15
Trivett Sq. NG1—3F 30
Troutbeck Cres. NG9—1H 21
Trowell Av. DE7—2A 12
Trowell Av. NG8—3H 13
Trowell Gdns. NG8—3H 13
Trowell Gro. NG9—5D 12
Trowell Gro. NG10—2B 26
Trowell Pk. Dri. NG9—5C 12
Trowell Rd. NG8—3H 13
Trowell Rd. NG9—6D 12
Trueman Gdns. NG5—5H 4
Truman Clo. NG3—2D 16
Truman's Rd. NG2—6E 17
Truro Cres. NG7—1G 15
Tudor Clo. NG4—3C 18
Tudor Clo. NG10—3D 26
Tudor Gro. NG9—4D 20
Tudor Gro. NG1—1C 16
Tudor Rd. NG2—3F 25
Tudor Sq. NG2—2G 25
Tudwal Clo. NG5—4A 4
Tudwal Wlk. NG5—4A 4
Tulip Av. NG3—1E 17
Tunnel Rd. NG7—3B 16
Tunstall Cres. NG8—4H 7
Tunstall Dri. NG5—2E 9
Tunstall Rd. NG5—1C 10
Turnberry Clo. NG9—3H 21
Turnberry Rd. NG6—5G 3
Turner Clo. NG9—6E 7
Turneys Quay. NG2—6E 17
Turney St. NG2—1D 24
Turnpike La. NG9—2D 22

Turpin Av. NG4—2F 11
Turrell Ct. NG9—6A 14
Tuxford Wlk. NG3—1F 17
Twells Clo. NG3—1F 17
Twitchell, The. NG8—5B 22
Twycross Rd. NG5—4C 4
Twyford Gdns. NG11—6H 23
Tyburn Clo. NG5—2B 4
Tynedale Clo. NG8—5B 8
Tynedale Clo. NG10—6A 26

Ulldale Ct. NG9—6G 21
Ullswater Clo. NG4—3H 11
Ullswater Cres. NG9—1A 22
Union Rd. NG1—2D 16 & 1D 30
Union Rd. NG3—2D 16 & 1E 30
Union St. NG9—3C 22
Union St. NG10—4D 26
Unity Cres. NG3—3E 11
University Boulevd. NG7—2E 23
Uplands Ct. NG8—2C 14
Upminster Dri. NG5—3G 5
Up. Canaan. NG11—4H 29
Up. College St. NG1—3B 16 & 2A 30
Up. Eldon St. NG2—3E 17
Up. Orchard St. NG9—2D 18
Up. Orchard Wlk. NG9—2D 20
Up. Parliament St. NG1—3C 16 & 2B 30
Up. Wellington St. NG10—3C 26
Uppingham Cres. NG2—5D 24
Uppingham Gdns. NG2—5D 16
Upton Dri. NG5—1H 9
Upton M. NG3—6D 10
Utile Gdns. NG6—4D 2

Vale Cres. N. NG8—1G 15
Vale Cres. S. NG8—2G 15
Vale Gdns. NG4—3B 18
Vale Rd. NG4—3C 18
Valeside Gdns. NG4—2C 18
Valetta Rd. NG5—4H 5
Valley Farm Ct. NG5—3A 4
Valley Gdns. NG5—5H 25
Valley Rd. NG2—5G 25
Valley Rd. NG4—4D 10
Valley Rd. NG5—3D 8 to 1H 9
Valley Rd. NG5—5G 21
Valmont Rd. NG5—2F 9
Valmont Rd. NG9—2F 21
Vanguard Rd. NG10—6D 26
Varden Av. NG9—1D 22
Varney Rd. NG11—1E 29
Vaughan Rd. NG9—6F 21
Venn Ct. NG9—4C 22
Ventnor Rise. NG5—1E 9
Venus Clo. NG6—1D 8
Verbena Clo. NG3—6H 9
Verder Gro. NG5—3H 3
Verne Clo. NG4—1B 18
Vernon Av. NG4—5H 11
Vernon Av. NG5—2D 8
Vernon Av. NG9—3C 20
Vernon Ct. NG16—2G 7
Vernon Dri. NG16—2G 7
Vernon Pk. Dri. NG6—2D 8
Vernon Pl. NG5—1C 8
Vernon Rd. NG6—1C 8
Vernon St. NG1—3C 16 & 2B 30
Veronica Dri. NG4—4F 11
Veronica Wlk. NG11—2B 28
Vicarage Clo. NG3—1C 16
Vicarage Clo. NG5—3E 9
Vicarage Grn. NG12—6H 25
Vicarage La. NG11—5G 29
Vicarage St. NG9—4B 22
Vickers St. NG3—6H 9
Victor Clo. NG10—6B 20
Victoria Av. NG2—4F 17
Victoria Clo. NG5—2G 5
Victoria Ct. NG10—4D 26
Victoria Cres. NG5—3A 10
Victoria Embkmt. NG2—1C 24
Victoria Pk. Flats. NG4—1F 19
Victoria Pk. Flats. NG1—2F 30
Victoria Parkway. NG4—1F 19
Victoria Rd. NG2—2E 25
Victoria Rd. NG4—1E 19
Victoria Rd. NG5—2G 9
Victoria Rd. NG10—4A 20
Victoria Shopping Centre. NG1
—2D 16 & 1D 30
Victoria St. NG1—3D 16 & 3D 30
Victoria St. NG4—5H 11
Victoria St. NG9—3C 20
Victoria Ter. NG2—3F 17
Victor Ter. NG5—3G 9

Victory Clo. NG10—6D 26
Victory Rd. NG9—5D 22
Village Rd. NG11—1B 28
Village St. NG12—6H 25
Villa Rd. NG3—1C 16
Villa St. NG9—3C 22
Villiers Av. NG4—4G 25
Villiers Rd. NG5—1A 10
Vincent Av. NG9—5C 22
Vincent Gdns. NG7—6D 8
Vine Cres. NG10—3A 20
Vines Cross. NG8—6B 14
Violet Clo. NG6—2C 8
Violet Rd. NG2—2G 25
Violet Rd. NG4—4F 11
Vista, The. NG9—4D 20
Vivian Av. NG5—5F 9
Vulcan Clo. NG6—1D 8
Vyse Dri. NG10—6B 26

Waddington Dri. NG2—5D 24
Wadham Rd. NG5—6F 5
Wadhurst Gdns. NG3—2E 17
Wadhurst Gro. NG8—6A 14
Wadsworth Rd. NG9—2E 21
Waingrove. NG11—1F 29
Walbrook Clo. NG8—2H 7
Walcote Dri. NG2—6D 24
Walcott Grn. NG11—2C 28
Waldeck Rd. NG5—4G 9
Waldemar Gro. NG9—4D 22
Waldron Clo. NG2—6E 17
Walesby Cres. NG8—1F 15
Walgrave Wlk. NG5—4B 4
Walker St. NG2—3E 17
Wallace Av. NG4—6H 11
Wallan St. NG7—1H 15
Wallet St. NG2—5E 17
Wallet St. NG4—1E 19
Wallett Av. NG9—2C 22
Wallis St. NG6—1D 8
Walnut Clo. DE7—1A 12
(in two parts)
Walnut Rd. NG9—1G 21
Walnut Tree Gdns. NG6—5C 2
Walsingham Rd. NG5—1C 10
Walter St. NG7—2B 16
Waltham Clo. NG2—4H 25
Walton Av. NG3—3F 17
Walton Clo. NG4—6G 11
Walton Cres. NG4—6G 11
Walton Rd. NG5—2G 5
Walton St. NG10—3D 26
Wansford Av. NG5—1G 5
Wanstead Way. NG5—2H 3
Ward Av. NG3—2D 10
Wardle Gro. NG3—5G 5
Ward St. NG7—5D 8
Wareham Clo. NG2—5C 24
Wareham Clo. NG8—3H 7
Warkton Clo. NG9—5H 21
Warner St. NG7—2H 15
Warren Av. NG5—4F 9
Warren Av. NG9—3C 20
Warren Ct. NG9—3C 20
Warrender Clo. NG9—6H 13
Warrener Gro. NG5—3H 3
Warrenhill Clo. NG5—4D 4
Warrington Rd. NG6—4F 3
Warser Ga. NG1—3D 16 & 3E 30
Warton Av. NG3—5B 10
Warwick Av. NG5—1A 10
Warwick Av. NG9—2C 22
Warwick Rd. NG3—4H 9
Warwick Rd. NG10—4F 27
Warwick St. NG7—6H 15
Washington Dri. NG6—6E 13
Wasnidge Clo. NG3—2E 17
Wasnidge Wlk. NG3—2D 16
Watcombe Cir. NG5—4G 9
Watcombe Rd. NG5—4G 9
Waterdown Rd. NG11—3C 28
Waterford St. NG6—2D 8
Water La. NG12—6H 25
Waterloo Cres. NG7—1A 16
Waterloo La. NG9—2E 13
Waterloo Prom. NG7—2A & 1A 16
Waterloo Rd. NG7—1A 16
Waterloo Rd. NG9—4D 22
Watermeadows, The. NG10—4A 26
Waterorton Way. NG9—6D 20
Waterside Clo. NG10—6B 20
Waterway St. NG2—5D 16 & 5E 17
Waterway St. W. NG2—5C 16
Waterway, The. NG10—6B 20
Watford Rd. NG8—4A 8
Watkin St. NG3—2D 16

Watnall Rd. NG15—1A 2
Watnall Rd. NG16—5A 2
Watson Av. NG3—2H 17
Waveney Clo. NG5—5G 5
Waverley Av. NG4—4H 11
Waverley Av. NG9—4D 22
Waverley Mt. NG7—1B 16
Waverley St. NG7 & NG1—1B 16
Waverley St. NG10—4D 26
Waverley Ter. NG1—2C 16 & 1B 30
Wayford Wlk. NG6—6E 3
Wayne Clo. NG11—2D 28
Weardale Rd. NG5—4F 9
Wearmouth Gdns. NG5—2A 4
Weaverthorpe Rd. NG5—6G 5
Webb Rd. NG8—1E 15
Weedon Clo. NG3—1G 17
Weekday Cross. NG1—4D 16 & 3D 30
Weetman Gdns. NG5—3B 4
Welbeck Av. NG4—3F 11
Welbeck Clo. NG3—1D 16
Welbeck Gdns. NG5—1D 10
Welbeck Gdns. NG9—1E 27
Welbeck Rd. NG2—2E 25
Welbeck Rd. NG10—6B 20
Welbeck Wlk. NG3—1D 16
Welby Av. NG7—4A 16
Welch Av. NG9—2E 21
Weldbank Clo. NG9—5H 21
Welham Cres. NG5—5G 5
Welland Ct. NG3—2F 17
Wellesley Cres. NG8—3E 7
Wellin Clo. NG12—6H 25
Wellin Ct. NG12—6H 25
Wellington Cir. NG1—3B 16 & 2B 30
Wellington Cres. NG2—2F 25
Wellington Sq. NG7—3A 16
Wellington St. NG3—2D 16
Wellington St. NG9—4C 20
Wellington St. NG10—1B 26
Wellington Ter. NG7—3A 16
Wellington Vs. NG7—3A 16
Wellin La. NG12—6H 25
Wells Gdns. NG3—5C 10
Wellspring Dale. NG9—5D 20
Wells Rd., The. NG3—3B to 6B 10
Welstead Av. NG8—3H 7
Welton Gdns. NG6—3D 2
Welwyn Rd. NG8—3B 14
Wembley Gdns. NG9—5G 13
Wembley Rd. NG5—6H 5
Wemyss Gdns. NG8—5F 15
Wendling Gdns. NG5—4C 4
(in two parts)
Wendover Dri. NG8—4A 8
Wensleydale Clo. NG8—4B 8
Wensleydale Rd. NG10—5A 26
Wensley Rd. NG5—6F 5
Wensor Av. NG9—2C 22
Wentworth Rd. NG5—3G 9
Wentworth Rd. NG9—4H 21
Wentworth Way. NG12—6H 25
Wesleyan Chapel Wlk. NG9—3D 20
Wesley Gro. NG5—5G 9
Wesley Pl. NG9—2D 20
Wesley St. NG5—5H 5
Wesley Way. NG11—6H 29
West Av. NG2—3E 25
West Av. NG9—1E 21
West Av. NG10—4A 20
Westbourne Ct. NG9—1F 21
Westbury Clo. NG5—3A 4
Westbury Rd. NG5—3E 9
Westcliffe Av. NG4—2F 11
West Cres. NG9—5E 23
Westcross Av. NG9—2D 20
Westdale Clo. NG10—6A 26
Westdale Ct. NG4—3F 11
Westdale Cres. NG4—5G 11
Westdale La. E. NG4—3F 11
Westdale La. W. NG3—2C 10
West Dri. NG7—1E 23
West End. NG9—4C 22
W. End Arc. NG1—2C 30
W. End St. NG9—4C 20
W. End Vs. NG12—5H 19
Westerfield Way. NG11—5A 24
Westerham Clo. NG8—1A 14
Westerham Rd. NG11—5F 29
Westerlands. NG9—4E 21
Western Boulevd. NG8—2F 15 to 3D 8
Western Gdns. NG8—3C 8
Western St. NG1—3D 16 & 2E 30
Western Ter. NG7—3A 16
West Ga. NG10—4D 26
Westgate Ct. NG9—4B 22
Westgate St. NG3—1E 17

Westhay Ct. NG8—3F 15
Westholme Gdns. NG8—1F 15
Westhorpe Av. NG3—3F 17
Westhorpe Dri. NG10—3B 26
Westleigh Rd. NG8—4F 7
W. Manor Ct. NG9—5A 22
Westminster Av. NG10—4B 20
Westminster Clo. NG3—6B 10
W. Moor. NG2—3B 18
Westmoore Clo. NG3—2D 10
Westmoore Clo. NG3—2D 10
Westmoreland Ct. NG5—5F 9
Weston Av. NG7—1A 16
Weston Clo. NG5—1A 10
Weston Cotts. NG7—1H 15
W. Park Ct. NG10—4D 26
Westray Clo. NG9—5G 13
West St. NG2—3E 17
West St. NG5—4F 5
West St. NG16—1B 6
West View. NG2—4D 24
W. View Rd. NG4—5H 11
Westville Gdns. NG3—1D 16
West Wlk. NG2—3E 17
Westward Av. NG9—4D 22
Westwick Rd. NG8—1H 13
Westwick St. DE7—1A 12
Westwood Rd. NG2—3G 17
Wetherby Clo. NG8—5A 8
Wetherlam Clo. NG2—6C 16
Wharfdale. NG8—4H 13
Wharfedale Rd. NG10—6A 26
Wharf Rd. NG7—4C 16
Whatton Rise. NG5—1G 9
Wheatacre Rd. NG11—3D 28
Wheatcroft View. NG6—6C 24
Wheatfields Rd. NG3—6C 10
Wheatgrass Rd. NG9—5G 21
Wheatley Dri. NG4—1A 18
Wheatley Gro. NG9—6C 22
Wheeldale Clo. NG8—4G 13
Wheeler Ga. NG1—3C 16 & 3C 30
Wheldon Av. NG4—3F 11
Whernside Rd. NG5—6F 5
Whetstone Clo. NG16—3E 7
Whickham Ct. NG2—6D 16
Whinfell Clo. NG11—2E 29
Whiston Clo. NG5—5B 4
Whiston Ga. NG3—1D 16
Whitbread St. NG7—5D 8
Whitburn Rd. NG9—1D 26
Whitby Clo. NG8—4H 13
Whitby Cres. NG5—6G 5
Whitchurch Clo. NG5—3A 4
Whitcombe Gdns. NG5—3A 4
Whitebeam Gdns. NG6—4C 2
Whitechapel St. NG6—4C 8
White City Trading Est. NG2—5G 17
Whitefield Clo. NG11—3B 24
Whitegate Vale. NG11—3C 28
Whiteley Clo. NG9—2E 21
White Lodge Gdns. NG8—6E 7
Whitemoor Rd. NG8—5C 8
Whitemoor Ct. NG8—5C 8
Whitemoor Rd. NG6—3C 8
Whitemoss Clo. NG8—5B 14
White Rd. NG5—3D 8
White's Av. NG3—1H 17
Whitestone Av. NG9—3E 21
Whiting Av. NG9—2F 27
Whittaker Rd. NG9—1F 27
Whittier Rd. NG2—4 4
Whittingham Rd. NG3—3C 10
Whitton Clo. NG5—2B 4
Whitwell Rd. NG8—4G 7
Whitwell Rd. NG8—4F 7
Whitworth Rise. NG5—4A 4
Wichnor Clo. NG11—5H 23
Wickens Wlk. NG3—1F 17
Wickstead Clo. NG5—2B 10
Widdowson Clo. NG6—3C 2
Widdowson's Row. NG11—5H 29
Widecombe La. NG11—4C 28
Wigley Clo. NG3—1F 17
Wigman Rd. NG8—5E 7
Wilden Cres. NG11—1D 28
Wildman St. NG7—2B 16
Wilford Cres. NG11—4H 29
Wilford Cres. E. NG2—6D 16
Wilford Cres. W. NG2—6D 16
Wilford Gro. NG2—6D 16
Wilford Ind. Est. NG11—6C 24
Wilford La. NG11 & NG2—3C 24
Wilford Rd. NG2—5C 16
Wilford Rd. NG11—1G 29
Wilford St. NG2—4C 16 & 4C 30
Wilfrid Gro. NG2—6F 25
Wilkins Gdns. NG11—3B 28

Wilkinson Av. NG9—3C 22
Wilkinson St. NG8 & NG7—5C 8
Willaston Clo. NG6—1B 8
Wilbert Rd. NG5—3G 5
Willerby Rd. NG5—6G 5
Willersley Dri. NG2—6D 16
William Olds Ct. NG8—3D 14
William Rd. NG2—2F 25
William Rd. NG9—3C 20
Williams Rd. NG9—6G 21
William St. NG10—2B 26
Willoughby Av. NG7—4H 15
Willoughby Av. NG10—1B 26
Willoughby Clo. NG7—1E 23
Willoughby Ct. NG7—4A 16
Willoughby Rd. NG2—4F 25
Willoughby St. NG7—4A 16
Willoughby St. NG9—3C 22
Willow Av. NG9—4C 20
Willow Av. NG10—2D 26
Willowbrook Ct. NG2—6C 16
Willow Ct. NG2—5E 25
Willow Cres. NG4—4H 11
Willow Hill Clo. NG6—6D 2
Willow La. NG4—4H 11
Willow Rise. NG10—5B 20
Willow Rd. NG2—6F 25
Willow Rd. NG4—5H 11
Willow Rd. NG7—6H 15
Willows, The. NG4—4D 22
Willwell Dri. NG2—6D 24
Wilmington Gdns. NG5—6D 4
Wilmot La. NG9—4C 22
Wilson Clo. NG5—6H 5
Wilsons Ct. NG11—4H 29
Wilsthorpe Rd. DE7 & NG10—4A 26
(in two parts)
Wilton Rd. NG7—2H 15
Wilton St. NG6—1D 8
Wilton Ter. NG6—1D 8
Wimbledon Rd. NG5—2E 9
Wimborne Clo. NG2—5C 24
Wimbourne Rd. NG7—1A 16
Wimpole Rd. NG9—1A 22
Winchester Av. NG9—2B 22
Winchester Ct. NG5—3A 10
Winchester St. NG5—3H 9
Winchester Ter. NG5—3H 9
Windermere Clo. NG4—3H 11
(in two parts)
Windermere Gdns. NG10—2A 26
Windermere Rd. NG7—6E 9
Windermere Rd. NG9—1A 22

Windermere Rd. NG10—2A 26
Windmill Clo. NG3—3F 17
Windmill La. NG2 & NG3—3F 17
Windrush Clo. NG9—1A 22
Windsor Clo. NG9—2B 12
Windsor Ct. NG10—6A 20
Windsor Cres. NG5—6H 5
Windsor Cres. NG9—3D 20
Windsor St. NG9—4D 22
(Beeston)
Windsor St. NG9—3D 20
(Stapleford)
Wing All. NG1—3D 16 & 2E 30
Wingate Clo. NG8—1C 14
Wingbourne Wlk. NG6—3F 3
Wingfield Dri. NG9—1D 22
Winrow Gdns. NG6—2B 8
Winscale Av. NG5—3B 4
Winscale Gdns. NG5—3B 4
Winscombe Mt. NG11—4C 28
Winsford Clo. NG8—4A 8
Winster Av. NG4—5G 11
Winster Clo. NG9—1C 22
Winterbourne Dri. NG9—1D 20
Winterton Clo. NG5—6F 5
Winterton Rise. NG5—4B 4
Winthorpe Rd. NG5—4G 5
Wintringham Cres. NG5—6G 5
Wisley Clo. NG2—6C 24
Wistow Clo. NG8—5C 8
Withern Rd. NG8—4G 7
Wiverton Rd. NG7—6F 9
Woburn Croft. NG10—6A 20
Wollaton Ct. NG6—5G 3
Wollaton Cres. NG9—2B 22
Wollaton Hall Dri. NG8—5F 15
Wollaton Paddocks. NG8—3A 14
Wollaton Rise. NG8—5B 14
Wollaton Rd. NG8—3B 14 to 3G 15
Wollaton Rd. NG9—1B 22
Wollaton St. NG1—3B 16 & 1A 30
Wollaton Vale. NG8—3G 13 to 6C 14
Wolverton Clo. NG5—4H 3
Wood Av. NG10—4A 20
Woodbank Dri. NG8—5A 14
Woodborough Rd. NG3—1D 16 to 2C 10
Woodbridge Av. NG11—6H 23
Woodchurch Rd. NG5—2C 4
Woodfield Rd. NG8—4F 7
Woodford Clo. NG5—2H 3
Woodford Rd. NG5—2H 3
Woodgate Ct. NG7—3B 16
Woodhall Rd. NG8—2E 15

Woodhedge Dri. NG3—5C 10
Woodhouse St. NG3—2F 17
Woodhouse Way. NG8 & NG16—3E 7
Woodkirk Rd. NG11—2E 29
Woodland Dri. NG3—4H 9
Woodland Dri. NG16—2G 7
Woodland Gro. NG4—1D 18
Woodland Gro. NG5—2H 9
Woodland Gro. NG9—5A 22
Woodland Rd. NG2—6G 17
Woodlane Gdns. NG3—6B 10
Woodlark Ho. NG3—6B 10
Woodleys. NG3—1G 17
Woodley Sq. NG6—1F 3
Woodley St. NG11—5H 29
Wood Link. NG6—4C 2
Woodsford Gro. NG11—1D 28
Woodside Cres. NG10—4B 26
Woodside Dri. NG5—3E 5
Woodside Rd. NG9—1C 22
(Beeston)
Woodside Rd. NG9—6G 21
(Chilwell)
Woodside Rd. NG10—5A 20
Woodstock Av. NG7—1G 15
Woodstock Rd. NG9—1E 27
Woodston Wlk. NG5—1G 5
Wood St. NG5—4F 5
Wood St. NG7—2B 16
Woodthorpe Av. NG3—2A 10
Woodthorpe Ct. NG5—3A 10
Woodthorpe Dri. NG5 & NG3—2A 10
Woodthorpe Gdns. NG5—2B 10
Woodthorpe Rd. NG3—2B 10
Woodvale. NG8—4H 13
Wood View. NG12—6H 25
Woodview Ct. NG3—2A 18
Woodville Clo. NG9—4H 21
Woodville Dri. NG5—3G 9
Woodville Rd. NG5—3H 9
Woodward St. NG2—1E 25
Woodyard La. NG8—2D & 3D 14
Woolmer Rd. NG2—6D 16
Woolpack La. NG1—3D 16 & 2E 30
Woolsington Clo. NG8—3E 7
Woolsthorpe Clo. NG8—1C 14
Wootton Clo. NG8—6E 7
Worcester Gdns. NG5—6E 5
Worcester Rd. NG5—6E 5
Wordsworth Rd. NG2—3F 25
Wordsworth Rd. NG5—5D 4
Wordsworth Rd. NG7—1H 15
Worksop Rd. St. NG3—2F 17

Worrall Av. NG5—4F 5
Worrall Av. NG10—3D 26
Worth St. NG4—6G 11
Wortley Av. NG9—5D 12
Wortley Hall Clo. NG7—5F 15
Worwood Dri. NG2—5D 24
Wray Clo. NG3—2F 17
Wrenthorpe Vale. NG11—3D 28
Wright St. NG4—1D 18
Wroxham Dri. NG8—5A 14
Wychwood Dri. NG9—5D 12
Wycliffe Gro. NG3—4A 10
Wycliffe St. NG7—5E 9
Wycombe Clo. NG11—3C 28
Wye Gdns. NG7—1G 15
Wykes Av. NG4—3H 11
Wymondham Clo. NG5—5G 5
Wyndham Ct. NG9—6G 21
Wyndham M. NG3—6G 9
Wyndings, The. NG5—1B 10
Wynndale Dri. NG5—3E 9
Wyrale Dri. NG8—5F 7
Wyton Clo. NG5—6B 4
Wyvern Av. NG10—6C 20
Wyville Clo. NG7—2H 15

Yalding Dri. NG8—4H 13
Yalding Gdns. NG8—4H 13
Yarwell Clo. NG3—1A 18
Yatesbury Cres. NG8—5F 7
Yates Gdns. NG3—3A 4
Yew Clo. NG5—3H 9
Yewdale Clo. NG11—4C 28
Yew Tree Av. NG5—4G 9
Yew Tree Clo. NG12—5H 19
Yew Tree Ct. NG9—3C 22
Yew Tree La. NG4—3H 11
York Av. NG9—5C 22
York Av. NG10—5A 20
York Clo. NG4—3H 11
York Dri. NG8—3E 7
York Rd. NG10—3C 26
York St. NG1—2D 16
York St. NG4—1E 19
Young Clo. NG6—6C 2
Yvonne Cres. NG4—6H 11

Zulla Rd. NG3—5G 9
Zulu Rd. NG7—4D 8

Acknowledgement
The Publishers are grateful for the ready co-operation and valuable help given them in the production of this atlas. They would like to record their obligation to : The Engineers and Surveyors Departments and Planning Offices of the District Councils, The County Councils, The Post Office and the Emergency Services.